Ursula Stichmann-Marny

Trockensträuße

aus Natur und Garten

Franckh - Kosmos

Auf Schuttplätzen und Industriebrache oft in großen Beständen: die Riesen-Goldrute

Naturmaterialien lassen sich gut kombinieren: Weidenflechtkorb mit Wildpflanzen

Inhalt

Samenkapsel der Schachblume *(Fritillaria meleagris)*

Sommerpracht für die Winterzeit

Der Sommer geht oft viel zu schnell vorüber. Von der geradezu verschwenderisch anmutenden Blütenfülle des sommerlichen Gartens wollen wir zumindest einen Teil in die dunkle Jahreszeit hinüberretten.

Üppige Blütenfülle im sommerlichen Garten

Diptam – seltene Gartenstaude

Zum Trocknen nur Pompondahlien

Gesteck mit Rittersporn, Rosen, Kugeldisteln, Diptamfrüchten

Es ist der Wunschtraum vieler Menschen, die Blütenpracht von Frühling und Sommer würde nie vergehen. Aber ehrlich gesagt: Verleiht nicht erst der Wechsel der Jahreszeiten der Natur in unseren Breiten ihren ganz besonderen Reiz? Dennoch fällt uns der Abschied vom Gartensommer jedes Jahr aufs neue schwer. Etwas leichter ist er dagegen, wenn uns ein Abglanz seiner Schönheit auch im Winter in unserer Wohnung erwartet.

Weitaus mehr Gartenblumen als gemeinhin angenommen eignen sich dazu, getrocknet und zu Sträußen und Gestecken verarbeitet zu werden. Darunter sind etliche Pflanzenarten, die ohnehin in unserem Garten wachsen, aber auch solche,

Sonnenflügel *(Helipterum)*

die wir darüber hinaus dort noch aussäen oder anpflanzen können - sei es als Bereicherung des Gartens, als Zier für die Vase oder eben als Material für Trockensträuße und -gestecke.

DER KLUGE BAUT VOR UND AN

Um Sträuße und Gestecke für jede Gelegenheit und ganz nach Geschmack anfertigen zu können, muß man darauf achten, daß die bevorzugten Pflanzenarten in der erforderlichen Menge vorhanden sind. Unser Garten sollte auch die geeigneten Blüten in den entsprechenden Farben bereithal-

Der Garten-Fuchsschwanz hat dichte Blütenstände.

Einjähriger Rittersporn in bunter Mischung: zum Trocknen sehr gut geeignet

ten. Die meisten Blütenfarben verlieren beim Trocknen etwas von ihrer Leuchtkraft; die gedämpften Töne wirken dafür aber besonders anheimelnd. Je nachdem, wie man seine Arrangements mag - bunt oder Ton in Ton, aus vielen oder aus wenigen Arten, aus einer Fülle kleiner Blüten oder aus einzelnen großen Blüten zusammengesetzt -, wird man sich schon beim Trocknen für eine Auswahl entscheiden.
Wer sich nicht allein auf die Blumen in seinem Garten verlassen will oder sie nicht gerade zur Blütezeit pflükken möchte, der muß seine Trockenblumen - wie andere Schnittblumen auch - auf gesonderten Beeten ziehen. Hier die Blütenstiele abzuschneiden und zu trocknen ist wie ernten und fällt uns deshalb leichter.

Aussaat in Saatschalen

Die Aussaat von einjährigen Blumen, die sich zum Trocknen eignen, kann entweder in Saatschalen oder gleich in Beete erfolgen. Die Anzucht in Saatschalen bietet mehrere Vorteile: Die Blumen beginnen früher zu blühen, vor allem, wenn man die Saatschalen bereits im März oder April auf die Fensterbank oder in ein Gewächshaus oder Frühbeet stellt. Die Jungpflänzchen entwickeln sich auch deshalb in Saatschalen meistens besser, weil sie weniger Konkurrenz ausgesetzt und vor Schädlingen, insbesondere Schnecken, besser geschützt sind.

TIP: Artischocken und Sonnenblumen bringt man früher zur Blüte, wenn die großen Samen einzeln in Blumentöpfen keimen können und die Keimlinge auf der Fensterbank vorgetrieben werden.

Statice und Strohblumen können wir schon Anfang März, Tagetes und Zinnien Anfang April locker in Saatschalen aussäen. Als Substrat eignet sich Blumenerde oder TKS 1 (Torfkultursubstrat). Das Substrat sollte, bevor man es in Saatschalen füllt, gut durchfeuchtet sein.
In der Regel wird der Inhalt einer Samentüte gleichmäßig auf dem leicht angedrückten Substrat verteilt und mit einer Erdschicht bedeckt, die etwa doppelt so dick ist wie das jeweilige Samenkorn. Bei geringer Füllmenge der Samenpäckchen kann man Samen mehrerer Arten in eine Saatschale geben und sie jeweils durch ein Stöckchen voneinander trennen.

Jungfer im Grünen *(Nigella damascena)*: Blüte ...

... und Frucht – ideal für Trockenarrangements

***Nigella orientalis* – auch sehr zu empfehlen**

TIP: Die Samen des Zittergrases (*Briza*) verteilt man nicht gleichmäßig über die Fläche einer Saatschale, sondern legt sie jeweils zu mehreren in die Töpfchen einer Multitopfplatte oder in kleine Blumentöpfe.

Vielseitig verwendbar: die bekannte Ringelblume

Pikieren und auspflanzen

Wenn sie etwa 3–4 Blättchen haben, werden die jungen Keimpflanzen pikiert, d.h. sie werden einzeln neu eingepflanzt, am besten in die Töpfchen von Multitopfplatten. Diese im Handel erhältlichen Plastikplatten haben sich sehr gut bewährt, weil man so eine große Zahl Töpfchen dicht beisammen hat und gemeinsam bewegen kann. Platten mit 50 Töpfchen haben die optimale Größe. Als Substrat dient Blumenerde oder TKS 2. Mit einem angespitzten, bleistiftdicken Holzstäbchen drückt man Pflanzlöcher in die Erde und setzt die Keimlinge hinein.

Nach dem Pikieren wachsen sie zu kräftigen Jungpflanzen heran. Natürlich müssen sie regelmäßig Wasser erhalten. Erst in der zweiten Maihälfte, wenn die Eisheiligen vorüber sind und keine Gefahr mehr durch Frost besteht, dürfen die Jungpflanzen ins Freie gesetzt werden. Um sie auf die Klimaunterschiede zwischen drinnen und draußen vorzubereiten, stellen wir die Multitopfplatten schon wenige Tage zuvor jeweils für einige Stunden nach draußen. Sie dürfen aller-

Großmutters Liebling: die Strohblume

Gelbes Ageratum *(Lonas)* läßt sich leicht ziehen, trocknen und verarbeiten.

Mit grünlichen Blumenschalen: die Muschelblume

dings nicht in der prallen Sonne stehen.
Es kann nicht schaden, wenn man den Jungpflanzen jetzt noch etwas Flüssigdünger verabreicht.

Aussaat auf Beeten

Viele zum Trocknen bestimmte Einjahrespflanzen können im Frühjahr, sobald der Boden abgetrocknet und etwas erwärmt ist, auch unmittelbar auf Beeten ausgesät werden. Wichtig dabei ist, daß das Beet frei von Unkraut und die Bodenkrume glatt und feinkörnig ist. Man sät die Samen am besten sehr gut verteilt in Reihen aus, denn so läßt sich später leichter hacken und Unkraut jäten. Gibt es im Garten viele Vögel, empfiehlt es sich, die Beete bis zum Keimen der Samen mit einer darüber ausgelegten alten Gardine zu schützen.

Zittergras – auf Gartenbeeten gezogen

TIP: Manche Samen keimen nur, wenn sie nach dem Quellen niedrigen Temperaturen ausgesetzt waren. Sie werden als sogenannte Frostkeimer schon im Herbst ausgesät. Zu ihnen zählen auch einige für uns wichtige Arten, vor allem Silberblatt (*Lunaria annua*) und Feldmannstreu (*Eryngium*). Rittersporn (*Delphinium*) kann man wahlweise im Herbst oder im Frühling aussäen.

Aus der Fülle der Arten, die für eine Aussaat direkt ins Freiland in Betracht kommen, seien hier nur einige wichtige Trockenblumen genannt. Sie blühen allesamt bereits im Jahr der Aussaat: Strohblume (*Helichrysum bracteatum*), Papierknöpfchen (*Amobium*), Sonnenflügel (*Helipterum*), Gelbes Ageratum (*Lonas*), Muschelblume (*Molucella*), Statice (*Limonium*), Zinnie (*Zinnia*), Studentenblume (*Tagetes*), Färberdistel (*Carthamus*), Jungfer im Grünen (*Nigella*) und Fuchsschwanz (*Amaranthus*).

TIP: Um manche Einjahresblumen braucht man sich wenig oder gar nicht zu kümmern. Einmal im Garten, säen sie sich immer wieder von selbst aus, so etwa Ringelblume, Silberblatt und Mohn.

Füllmaterial

Pflanzen mit vielen kleinen Blüten sind für die Gestaltung von Trockensträußen sehr wichtig. Sie bringen edlere Einzelblüten erst richtig zur Geltung. Zu ihnen gehören das Schleierkraut (*Gypsophila*) mit seinen kleinblütigen Sorten, der Frauenmantel (*Alchemilla*) - er darf nicht zu spät geschnitten werden -, Dost oder Oregano (*Origanum*) - möglichst dunkle, lilafarbene Sorten - und die Statice mit ihren verschiedenen Arten und Sorten.

Die Garten-Hortensie erfreut sich zur Zeit wieder ganz besonderer Beliebtheit.

Lavendel bringt Duft und intensive Blautöne.

HORTENSIEN – ERINNERUNG AN „ALTE ZEITEN"

Zur Zeit sind Hortensien – mit einem Hauch von Nostalgie umgeben – wieder allgemein beliebt. Schneidet man sie in voller Blüte, trocknen sie sehr stark ein. Ernten wir sie dagegen in verblühtem, aber noch nicht völlig verblaßtem Zustand, können wir sie nach dem Trocknen zu attraktiven Sträußen binden oder den Boden von Gestecken mit ihnen abdecken. Auf diese Weise kommen selbst alte Topfhortensien – Züchtungen aus der Garten-Hortensie (*Hydrangea macrophylla*) –, die man in den Garten gepflanzt hat, noch vorzüglich zur Geltung.

ROSEN-EXPERIMENTE

Von allen Gartenblumen haben die Rosen nach wie vor die meisten Liebhaber. Doch zum Trocknen eignen sich nicht alle Sorten gleich

Zier der Gartenbeete: niedrige Astilben

Der Rote Sonnenhut ist winterhart.

gut. Ob sie farbecht sind oder nicht, sollte man zuvor testen. Rosen trocknet man, wenn sie fast voll erblüht sind – keinesfalls als Knospe! Viele Sorten bewahren ihre Schönheit, vor allem jene rosa- und dunkelroten Rosen, deren kleine Blüten in Büscheln stehen.

IN BLÜTENFARBEN SCHWELGEN

Elegant in Blau bis Violett

Reines Blau begegnet uns in unserem Garten relativ selten. Selbst bei Arten, deren Sorten ein breites Spektrum an Blütenfarben aufweisen, wie Dahlien und Zinnien, fehlt dieser Farbton. Und bei den wenigen „Blaublütigen", etwa Kornblume und Berg-Flockenblume, schwindet die Blütenfarbe meist noch beim Trocknen. Die einzigen Repräsentanten für echte Blautöne in unseren Trockensträußen sind Rittersporn-Arten (*Delphinium*), Kugeldistel (*Echinops*), der herrlich duftende Lavendel (*Lavandula angustifolia*), Mannstreu (*Eryngium*) sowie einige Statice-Arten und Hortensien.

Häufiger sind Blüten in blau- bis rotvioletten Farbtönen zu finden. Zum Trocknen eignen sich hier vor allem Minipompondahlien

Iris delavayi trägt formschöne Blüten.

und Zinnien der Sorte ‚Liliput', verschiedene Arten der Prachtspiere (*Astilbe*), Prachtscharte (*Liatris spicata*) sowie mehrere Lauch-Arten (*Allium*), z.B. der Sternkugel-Lauch (*Allium christophii*), der sich - knospig geschnitten - noch voll entfaltet und zum stattlichen Mittelpunkt unseres Arrangements werden kann.

Dezente Schönheit

Neben farbig ansprechenden Blüten verdienen auch die eher unscheinbaren einen Platz in unseren Sträußen und Gestecken. Sie sorgen für einen „dezenten Rahmen". Neben Grünem Fuchsschwanz (*Amaranthus paniculatus*) und Muschelblume (*Molucella*) spielt

Frauenmantel gibt es als Wild- und als Gartenblume.

Die großblumige Edeldistel, auch Mannstreu genannt

Dekorative Blütenbälle vom Sternkugel-Lauch

hier der Frauenmantel (*Alchemilla*) mit seinen dekorativen Blättern und kleinen gelbgrünen Blüten eine bedeutende Rolle. Ebenfalls wichtig ist das Zittergras (*Briza*), das in einem frühen Stadium geerntet werden muß.

Viele weiße Blüten verfärben sich beim Trocknen leicht bräunlich, so etwa die weißen Zinnien und Strohblumen. Schneeweiß dagegen bleiben der Einjährige Rittersporn und die Statice (*Limonium*). Zu den besonders vielseitig verwendbaren Gartenstauden mit weißen Blüten gehört das Stauden-Schleierkraut, das mit seinen lockeren Blütenrispen Sträuße und Gestecke belebt. Hübsch sind auch weißer Sonnenflügel und Papierknöpfchen (*Amobium alatum*). Beide wirken schon im frischen Zustand etwas strohig und verändern sich beim Trocknen nur wenig. Auf einen blütenreichen Strauch sei noch hingewiesen: die Rispen-Hortensie (*Hydrangea paniculata*). Ihre weißen Blütenrispen eignen sich besonders gut zum Trocknen.

Rosa bis rote Blüten

Bei roten Blüten denkt man zunächst an Rosen. Aber das sind keineswegs die einzigen. Denken wir doch auch einmal an die Pfingstrosen. Minipompondahlien in Rot und Rosa haben sich ebenfalls stets gut bewährt, desgleichen rötliche Hortensien. Im Farbspektrum der Strohblumen und Zinnien ist meist auch ein Weinrot vertreten. Der Fuchsschwanz (*Amaranthus caudatus, A. paniculatus*) setzt mit seinem auffälligen Blütenstand einen kräftigen Farbakzent. Die Blütenköpfchen der Grasnelke (*Armeria*) sorgen für rosarote Farbtupfer. Auch die rosa- bis fliederfarbene Statice darf hier nicht fehlen.

Sonnenschein ins Heim

Besonders groß ist die Zahl gelbblühender Pflanzenarten in unseren Gärten. Von den vielen gelben Korbblütlern sind allerdings nicht alle zum Trocknen geeignet. Unter den Studentenblumen sind dies z.B. die *Tagetes erecta*-Hybriden. Gelb bis braun sind die Körbchen vieler Strohblumen.
Gelbes Ageratum (*Lonas annua*) und Liliput-Zinnie, so unterschiedlich sie auch sind, haben eines gemeinsam: Man kann sie leicht aussäen, gut trocknen und vielseitig verwenden. Und gewiß blühen in unseren Gärten noch etliche weitere Pflanzen mit gelben Blüten, die nur darauf warten, als Trockenblumen entdeckt zu werden.
Eine darf hier jedenfalls nicht unerwähnt bleiben: die gelbe Teerose. Noch knospig erfreut sie uns tagelang in der Blumenvase, wird dann zur Zeit der Vollblüte getrocknet und „lebt" schließlich im Trockengesteck weiter.

DER RICHTIGE ERNTEZEITPUNKT

Unter den bislang genannten Arten sind Korbblütler besonders stark vertreten. Sie müssen zu ganz bestimmten Zeiten geerntet werden: Pompondahlien,

Rosa Schafgarbe mit kompakten Blütenständen

Die Grasnelke wird gern in Steingärten gepflanzt.

Zinnien, Färberdistel (*Carthamus tinctorius*), Roter Sonnenhut (*Rudbeckia purpurea*), Ringelblume und Sonnenblume werden geschnitten, wenn sie voll erblüht sind. Bei Kugeldistel (*Echinops*) und Artischocke darf nur die Hälfte der Blüten im Körbchen geöffnet sein. Strohblume, Sonnenflügel und Papierknöpfchen geraten am besten, wenn zum Zeitpunkt der Ernte nur die beiden äußeren Hüllblattkreise abgespreizt sind; die anderen öffnen sich beim Trocknen.

AUCH FRÜCHTE SETZEN AKZENTE

Etliche Arten erfreuen uns in Trockensträußen und -gestecken nicht nur mit ihren Blüten, sondern zusätzlich auch noch mit ihren Früchten. Wer mit offenen Augen durch seinen Garten geht, findet die verschiedensten Formen an Kapseln, Schoten, Hülsen und Balgfrüchten. Sie können unseren Trockenblumen-Arrangements eine ganz besondere Note geben und sorgen für Abwechslung.

Die Lampionblume – Trockenpflanze mit Tradition

FRÜCHTE ERKENNEN UND ERNTEN

Auch bei der Ernte von Fruchtständen und Früchten kommt es auf den richtigen Zeitpunkt an. Erntet man zu früh, schrumpeln sie; erntet man sie zu spät, werden sie fleckig und unansehnlich. Hier lernt man nur durch Versuch und Irrtum. Vor allem Grüntöne zu erhalten ist etwas heikel. Die Abbildung zeigt Fruchtstände und Früchte unter anderem von Silberblatt, Akelei, Karde und Jungfer im Grünen – im Gesteck bestens geeignet für einen Test zur Formenkenntnis des Naturfreundes.

Als dekorative Mitte für ein Gesteck bieten sich neben den blauen Blüten des Stauden-Rittersporns auch seine grünen Balgfrüchte an.
Dazu passen die Fruchtstände von Muschelblume und Sternkugel-Lauch. Zittergras - ob im grünen Zustand oder schon gelb verfärbt geerntet - ist die ideale Ergänzung für einen Strauß oder ein Gesteck.
Es lohnt sich auch, von Sonnenblumen mit kleinen Blütenkörben nicht nur blühende Exemplare, sondern auch reife Fruchtstände zu trocknen.

Die Blüten der Kaiserkrone zieren die Frühlingsgärten, ...

Wer sich an den Früchten von Kaiserkronen, Lilien, Tulpen, Iris (*I. delavayi*) und anderen Gartenstauden erfreuen will, der darf nicht - wie gewohnt - die Stengel nach der Blüte abschneiden. Zum Trocknen werden die Kapseln geschnitten, bevor sie sich öffnen.

... die Früchte unsere Gestecke.

Bizarre Formen

Manche Jungfer im Grünen, z.B. *Nigella orientalis*, fällt während der Blütezeit kaum auf. Niemand kann ahnen, wie bizarr die aufgeblasenen Samenkapseln werden. Im oberen Teil tragen sie fünf bis zehn „Hörnchen". Auch viele Gartenstauden bringen interessante, zum Trocknen geeignete Früchte hervor. Der Diptam (*Dictamnus*) verdient es, hier besonders herausgestellt zu werden. Seine noch grün geernteten Kapseln springen beim Trocknen auf und verwandeln sich in Sternchen.

Wirkung durch Form und Farbe

Insgesamt herrschen bei Früchten und Fruchtständen - je nach Erntezeitpunkt - grüne oder strohgelbe bis braune Farbtöne vor. Die lampionartigen Früchte der Judaskirsche (*Physalis alkekengi*) verfärben sich erst im Herbst zinnoberrot. Auch Mohnkapseln - grün oder braun geerntet - verfehlen ihre Wirkung nicht. Das Silberblatt bereichert unsere Gestecke ebenfalls, sowohl unreif grün geerntet, als auch mit den silbrigen Scheidewänden.

Büschelrose *(Rosa multiflora)* mit Hagebutten

Die weinroten Blüten des Wald-Weidenröschens zieren ganze Waldlichtungen.

Für den Zinnkrug reichen schon wenige Wildblumen.

Trockenblumen aus Feld und Flur

„Allerweltspflanzen" neu entdecken

Die Vielfalt und der Formenreichtum der Wildpflanzen bleiben den meisten Menschen verborgen. Oft wird uns erst beim Sammeln für den Trockenstrauß deren zuvor nicht beachtete Schönheit bewußt.

Wilde Karde – oft an Straßenrändern anzutreffen

Wiesen-Flockenblume

Wie grüne Münzen: Schötchen des Acker-Hellerkrauts

Die Wilde Möhre ist gut zum Trocknen geeignet.

Die Nachtkerze verschönert sogar das Bahngelände.

Obwohl Wildpflanzen uns auf Schritt und Tritt - selbst in der Stadt - begleiten, sind uns die meisten unbekannt. Gerade sie einmal etwas näher zu betrachten lohnt sich, vor allem auch, wenn es um Pflanzen für Trockensträuße und -gestecke geht.
Zwar bringen getrocknete Wildpflanzen selten die kräftigen Farben, die wir an zahlreichen Gartenblumen auch im getrockneten Zustand schätzen. Aber auch die warmen, gedämpften Töne der Wildblumen verleihen Trockenarrangements ihren ganz besonderen Reiz, beleben und bereichern sie. Beim Sammeln und Trocknen der Blüten und Früchte werden wir gleichzeitig mit unseren heimischen Wildkräutern vertraut, nehmen ihre dezente, aber dennoch eindrucksvolle Schönheit und die Vielfalt ihrer Blüten- und Blattformen bewußter wahr und können die Notwendigkeit des Schutzes wildwachsender Pflanzen erst ermessen.

SAMMELN AM STRASSEN- UND WEGESRAND

Es ist allerdings unerläßlich, beim Sammeln von Wildpflanzen zumindest drei Regeln zu beachten, um auf keinen Fall Naturschutzbelange zu beeinträchtigen:

- ► Es dürfen nur solche Pflanzen gesammelt werden, die in großer Zahl vorkommen, die man selbst mit Namen kennt und von denen man aus eigener Erfahrung weiß, daß sie sich eignen. Nicht nur gesetzlich geschützte, sondern alle selteneren und nur vereinzelt wachsenden Arten bleiben unangetastet!
- ► Zum Trocknen bestimmte Wildpflanzen sollten vor allem an Weg- und Straßenrändern, an Bahnböschungen und Kanaldeichen, auf Schuttflächen und auf Industriebrache gesucht werden, nicht dagegen in Moor und Heide, auf Kalkmagerrasen und Borstgraswiesen und schon gar nicht in Natur- und Landschaftsschutzgebieten. Am unbedenklichsten ist das Sammeln von Pflanzen dort, wo Bankette, Böschungen und Gräben im Randbereich von Straßen und Wegen im Laufe des Sommers ohnehin gemäht werden.
- ► Wildpflanzen soll man niemals ab- oder mit Wurzeln ausreißen, sondern immer sorgfältig abschneiden!

Zu schade für Herbizide

Wer erst einmal Gefallen an Wildpflanzen gefunden hat, wird für den Einsatz von Herbiziden auf ungenutzten Flächen kaum Verständnis aufbringen. Dabei war es vor noch nicht allzu langer Zeit fast überall die Regel, Bankette und Böschungen an Straßen und Wegen so gründlich chemisch zu „pflegen", daß dort fast keine Wildpflanzen mehr wuchsen. Zum Glück gilt heute für die Saumbiotope, also für Straßen- und Wegränder, Böschungen und Raine, ein striktes Herbizidverbot. Die Auswirkungen sind bereits erkennbar: Viele Flächen werden wieder bunter - zum Nutzen vieler Insekten und samenfressender Vogelarten und zur Freude der Menschen, die hier getrost wieder einen Blumenstrauß schneiden oder Blütenstengel für Trockensträuße sammeln können.

Pflanzen auf Wanderschaft

Grünstreifen am Straßen- und Wegesrand sowie Böschungen an Bahndämmen und Kanaldeichen sind Treffpunkt für Pflanzen unterschiedlichster Lebensräume. Zugleich sind sie Wanderpfade für Pflanzenarten fremdländischer Herkunft. Möhre und Flockenblume wachsen gewöhnlich auf Wiesen, Hellerkraut und Mohn auf Äckern, Wald-Weidenröschen auf Waldlichtungen, Rainfarn und Beifuß auf Schuttplätzen. Die meisten Arten sind hierzulande heimisch oder schon vor Christi Geburt bzw. in der ersten Hälfte unseres Jahrtausends nach Mitteleuropa eingewandert. Die Nachtkerze (*Oenothera biennis*) aber wurde erst im

Bunte Blütenpracht auf Schuttplätzen und Ödland: Möhre, Rainfarn, Mohn und Ziest

Der Krause Ampfer ...

DIE RICHTIGE SAMMELZEIT

Die Hauptsaison für Freunde von Trockensträußen und -gestecken ist nicht der Frühling, sondern eher der Sommer und Herbst. Im Gegensatz zu Schnittblumen, die man möglichst im Morgentau holt und in die Vase stellt, schneidet man zum Trocknen bestimmte Blütenstengel am besten in der Mittagshitze, möglichst bei trockenem Wetter. Feucht zum Trocknen aufgehängte Pflanzen faulen leicht. Zumindest besteht die Gefahr, daß sich auf Blüten und Blättern unansehn-

... ist auch nach der Blüte sehr dekorativ.

17. Jahrhundert von Nordamerika nach Padua verschleppt. Von hier aus verbreitete sie sich entlang der Straßen und Bahndämme über ganz Mitteleuropa.

liche Flecken bilden. Wenn das Pflanzenmaterial dennoch einmal tau- oder regennaß gesammelt wurde, lassen sich die genannten Schäden dadurch vermeiden, daß man die Stengel in lockeren Sträußen in Vasen stellt und zunächst einmal abtrocknen läßt. Trocken geerntete Pflanzen werden dagegen immer möglichst sofort „verarbeitet", d.h. gebündelt und aufgehängt.

BELIEBTE FELD-, WALD- UND WIESENBLUMEN

Auch bei den Wildpflanzen sind längst nicht alle Arten in jedem Entwicklungsstadium zum Trocknen geeignet. Vom Krausen Ampfer (*Rumex crispus*) lohnt es sich, sowohl Stiele mit grünlichen als auch solche mit bräunlich-roten und braunen Fruchtständen zu sammeln; zu spät geschnittene, braun vertrocknete Fruchtstände zerfallen allerdings sehr leicht.
Von der Wilden Möhre (*Daucus carota*) sind Blütendolden sowie Stiele mit grünen und braunen Fruchtständen willkommen, von der Roten Lichtnelke (*Silene dioica*) die braunen Kapseln, deren Samen ausgefallen sind.
Beliebt ist auch die Wilde Karde (*Dipsacus fullonum*), sowohl grün als auch braun verfärbt.
Johanniskraut (*Hypericum*) erntet man in blühendem Zustand, aber auch mit grünlichen oder braunen Kapseln. Gelben Wau (*Reseda lutea*) bzw. Färber-Wau (*R. luteola*) sammelt man dagegen nur mit unreifen grünen Früchten.
Vom Rande des Getreidefeldes oder der Straße holen wir den Mohn (*Papaver*), wenn die Kapseln ausgereift und braun sind. Das Acker-Hellerkraut (*Thlaspi arvense*) pflücken wir sowohl mit grünen als auch mit hellgelben Schötchen.
Die Schafgarbe (*Achillea millefolium*) – jedermann bekannt und überall häufig – kann man auf dem Höhepunkt der Blüte und auch mit braunen Fruchtständen trocknen.
Die Wiesen-Flockenblume (*Centaurea jacea*) ist besonders dann interessant, wenn der Inhalt der Blütenkörbchen bereits herausfällt und nur noch der innen silbrig glänzende Boden des Blütenstandes samt den Hüllblättern vorhanden ist.
Aus dem Wald bringen wir uns Stengel des Wald-Weidenröschens (*Epilobium angustifolium*) mit. Seine weit geöffneten, langen, dünnen Kapseln haben eine bizarre Gestalt. Die mit einem Haarschopf ausgestatteten Samen

Gelbe Knöpfchen: die Körbchen des Rainfarns

Schön geformte Kapseln der Roten Lichtnelke

sollte man „auf die Reise schicken", bevor man die Kapseln verarbeitet.
Beim Wald-Gamander (*Teucrium scorodonia*, Abb. S. 26) hat man damit keine

Johanniskraut ist eine Heilpflanze.

Weißblühende wilde Schafgarbe

Last; ihn sammelt man sowohl mit grünen als auch mit braunen Früchten. Sobald die unscheinbaren gelblichen Blüten verblüht sind, ist es an der Zeit, die Stengel zu schneiden und alle Blätter abzuzupfen. Sammelt man sie zu spät, haben die Früchte bereits die schönsten Brauntöne verloren.
Der giftige Rote Fingerhut (*Digitalis purpurea*) wächst auf Kahlschlägen oft in Massen. Er ist nur nach der Blütezeit zum Trocknen geeignet, und zwar sowohl mit grünen, geschlossenen als auch mit braunen, weit aufspringenden Kapseln.

TIP: Manche Früchte und Fruchtstände sind so attraktiv, daß wir sie als Dekoration – jeweils passend zur Jahreszeit – einfach auf einen Zinnteller oder eine andere passende Unterlage legen können.

Wildblumen näher kennenlernen

Beim Sammeln der Pflanzen kann man allerlei interessante Beobachtungen machen. Die Blättchen des **Johanniskrauts** – auch „Hartheu" genannt – wirken, gegen das Licht gehalten, wie durchlöchert. Nach der Signaturenlehre der allegorischen Pharmazie verwendete man sie deshalb früher zur Behandlung von Stichwunden. In Wirklichkeit aber handelt es sich bei den vermeintlichen Löchern um durchscheinende Öldrüsen. Johanniskraut ist reich an Inhaltsstoffen: Das blutrote Hypericin wird sogleich sichtbar, wenn man eine Blütenknospe zwischen den Fingern zerdrückt.
Die **Schafgarbe** finden wir gelegentlich, bis auf den Blütenstand, völlig entblättert vor – ein sicherer Hinweis darauf, daß eine Schafherde durchgezogen ist. Schafe fressen die Blätter nämlich mit Wohlbehagen,

die Blütenstände lassen sie völlig unberührt - zur Freude des Sammlers! So kam die Pflanze zu ihrem Namen. Die Lateiner beeindruckte mehr die große Zahl der kleinen Fiederblättchen. Sie nannten die Schafgarbe daher „*millefolium*“ (Tausendblatt).
Die **Wilde Möhre**, ein Doldengewächs, trägt in der Mitte ihres weißen Blütenstandes oft eine schwarzrote „Mohrenblüte“, die weder Staubblätter noch Griffel hat. Wenn die Früchte reifen, krümmen sich die Doldenstiele nach innen: Der Fruchtstand, den wir sammeln, erinnert an ein Vogelnest.

Der **Dost** (*Origanum vulgare*) heute schon häufiger nach dem Gewürz „Oregano“ genannt, blüht in unterschiedlichen Farbnuancen: Sie variieren zwischen Hell- und Dunkelviolett. Zum Trocknen sind vor allem die dunkelblütigen Pflanzen mit lilaroten Blütenstielchen zu empfehlen. Der würzige Duft der Blätter, den man sogleich mit der Pizzabäckerei verbindet, ist ebenfalls von Pflanze zu Pflanze unterschiedlich intensiv.
Als „Hemdenknöpfe“ bezeichnet der Volksmund vielerorts die runden, aus etwa 100 winzigen Einzelblüten bestehenden Blütenkörbchen des **Rainfarns**.

SEGENSREICHE KRÄUTER

Am Fest Mariä Himmelfahrt gelangen etliche Wildblumen zu besonderen Ehren: Neben den Getreidearten sind es überwiegend Heilkräuter, die das **Weihbund** zieren.
Nach alter sauerländischer Tradition gehören dazu unter anderem Königskerze, Wilde Möhre, Schafgarbe, Sumpfgarbe, Wermut, Beifuß, Rainfarn, Dost, Fette Henne, Zaunwinde, Kamille, Odermennig, Johanniskraut, Alant und Osterluzei. Ein Kranz Pompondahlien und eine Schleife aus Naturbastfäden runden das Gebinde ab.

Man sammelt ihn, wenn er voll erblüht ist. Vorteilhaft ist, daß seine Blütenfarbe erhalten bleibt und sich der harte Stengel gut zum Stekken eignet.
Gemeinsam mit dem **Beifuß** (*Artemisia vulgaris*) bildet der Rainfarn eine markante Pflanzengesellschaft stickstoffreicher Wildland- und Schuttflächen. Vielen Köchen ist er als „Wilder Wermut“ und als Gewürz für den Gänsebraten bekannt. In Trockensträußen dient er vor allem als Füllmaterial.

GETREIDE – MAL GRÜN, MAL GELB

Weizen oder Gerste zu trocknen und zu Kränzen und Gestecken zu verarbeiten hat eine lange Tradition. Die Rispen des Hafers lockern Sträuße und Gestecke auf.

Weizen wird zum Trocknen auch grün geerntet.

TIP: Um „das Rad nicht immer wieder neu erfinden“ zu müssen, empfiehlt es sich in jedem Fall, ein kleines Merkbuch über das Pflanzentrocknen zu führen und darin genau zu vermerken, wann und in welchem Zustand die Pflanzen gesammelt wurden, die zu diesem oder jenem besonders gut gelungenen Strauß oder Gesteck geführt haben. Es lohnt sich auch, darin die Stellen zu notieren, an denen wir diese Pflanzen gefunden haben.

Während man früher nur reifes Getreide in warmen Gelbtönen verwendete, werden Weizen und Gerste heute auch gern grün verarbeitet. Früh geernteter Roggen bringt grünlich-blaue Farbtöne in unsere Gestekke.
Reifes Getreide zur Verarbeitung vorzubereiten ist nicht schwer. Man sollte es nur an einem sonnigen Tag ernten und - vor allem bei der Gerste - möglichst kleine, aufrechtstehende Ähren auswählen. Mastige Hybridweizen- und -gerstensorten sowie Triticale sind in aller Regel nicht so gut geeignet. Um schöne Grüntöne zu bekommen, muß man den richtigen Erntezeitpunkt abpassen - und das erfordert schon etwas Erfahrung. Der Zeitpunkt liegt kurz nach der Blüte und der Bestäubung. Schon ein wenig später werden die gesammelten Ähren beim Trocknen oft „fossig“, d.h., sie bekommen einen bräunlichen Schimmer und erzielen nicht den gewünschten Effekt.

Lilafarbene Blütenkerzen des Blutweiderichs

BEDINGT GEEIGNET: SUMPF-PFLANZEN

An feuchten Standorten, an Ufern, in Gräben und in Sümpfen wachsen vor allem Pflanzen mit fleischigen, saftigen Stengeln und Blättern. Sie sind in der Regel zum Trocknen weniger geeignet, weil sie zuviel Feuchtigkeit enthalten.
Zwei Arten, die meistens in größeren Beständen auftreten, machen da eine Ausnahme: Blutweiderich und Gilbweiderich. Beide heißen „Weiderich“, sind aber nicht miteinander verwandt. Sie besitzen lediglich beide weidenähnliche, breit lanzettliche Blätter.
Der **Blutweiderich** (*Lythrum salicaria*) fällt durch seine intensiv rotvioletten Blüten auf, die auch getrocknet ihren Farbton bewahren. Ihr gerader, aufrechter

Der Gilbweiderich bildet an feuchten Standorten oft ausgedehnte Bestände.

Wuchs prädestiniert sie dafür, im Gesteck den betonten Mittelpunkt zu bilden.

Der **Gilbweiderich** (*Lysimachia vulgaris*) hat - wie der Name schon sagt - gelbe Blüten. Je nach Standort sind sie dunkelgelb (viel Licht) oder hellgelb und etwas kleiner (weniger Licht). Wir können diese Art in voller Blüte ernten, aber auch mit grünen, unreifen oder mit braunen, trockenen Früchten - kleinen, kugeligen Kapseln.

Die hübschen Korbblüten der **Sumpfgarbe** (*Achillea ptarmica*) bringen warme weiße Farbtupfer in unsere Trockensträuße und -gestecke.

Darüber hinaus lohnt es sich auch, unter **Binsen** und **Seggen** nach interessanten Formen Ausschau zu halten. Zwar haben diese Windblütler unscheinbare Blüten, doch die Verzweigung ihrer Blütenstände wirkt allein schon äußerst reizvoll. Sowohl Seggen - erkennbar an ihrem dreikantigen Stengel - als auch Binsen - ihr Halm ist rund - lassen sich in der Regel problemlos trocknen und verarbeiten, große Formen wie die Teich-Binsen einmal ausgenommen. Sie bringen ebenso wie die Süßgräser, vor allem die Strauß- und die Rispengräser, Leben in unsere Sträuße und Gestecke.

August – die Zeit der Heideblüte

Wald-Gamander blüht unauffällig.

BLÜHENDE HEIDE – LILA PRACHT

Auf kalk- und nährstoffarmen Böden, sofern sie nicht beschattet sind, kann sich die Besenheide (*Calluna vulgaris*) ausbreiten und ganzen Landstrichen ihr Gepräge geben. Das ist nicht nur in den Sandgebieten Norddeutschlands - wie z.B. in der Lüneburger Heide - der Fall, sondern auch in unseren Mittelgebirgen, vor allem auf Sandstein, Grauwacke und Schiefer. Wo der Mensch in früheren Jahrhunderten den Wald durch Übernutzung zurückdrängte und damit den Boden voll dem Sonnenlicht aussetzte, konnte sich das Heidekraut richtig entfalten. Wiederaufforstung und Beschattung drängen es heute wieder zurück. Wildverbiß, Schafbeweidung und Mahd schädigen die kleinen Sträucher nicht, sie werden eher verjüngt.

Außerhalb von Naturschutzgebieten darf man deshalb überall, wo es viel Heidekraut gibt, durchaus ein Sträußchen schneiden. Man sammelt es zur Vollblüte im August, setzt die Zweige zum Trocknen in ein Gefäß ohne Wasser oder auch unmittelbar in Steckmasse.

GOLDRUTE – EINGEFÜHRT AUS KANADA

Ein anderer Massenblüher, der vor allem das Bild von Ödland in Städten und Industriegebieten, etwa Bahn- und Fabrikgelände, nachhaltig prägen kann, ist die Goldrute. Sie stammt aus Nordamerika. Genau genommen handelt es sich um zwei verschiedene Arten, die - zeitlich leicht versetzt - bis in den September hinein blühen: die **Kanadische Goldrute** (*Solidago* *canadensis*) und die **Riesen-Goldrute** (*S. gigantea*). Beide wurden zunächst als Zierpflanzen in die Gärten geholt, verwilderten aber schon bald. Heute verdrängen sie vielerorts die einheimische, artenreichere Vegetation und bilden vielfach mehrere 100 m^2 große Reinbestände. Wenn man die Goldrute zum richtigen Zeitpunkt - auf dem Höhepunkt ihrer Blüte, aber auf keinen Fall zu spät - erntet, bekommt man schnell reichlich Material - bestens geeignet zum Auffüllen von Sträußen und Gestecken. Pflückt man die Goldrute etwas zu spät, reifen die Früchte nach und verstreuen sich zu Hause im Trokkenraum.

HOPFEN EINMAL ANDERS

Wenn vom Hopfen (*Humulus lupulus*) die Rede ist, bekommen Bierkenner meist glänzende Augen. Doch seit einigen Jahren hat man auch seine Eignung zu Dekorationszwecken entdeckt. Die kletternde Staude wächst in Auwäldern, Gebüschen und Hecken. Weibliche Exemplare dieser zweihäusigen Art tragen im Hochsommer zapfenartige Fruchtstände. Man schneidet die langen, flexiblen Sprosse, wenn die die Nüßchen tragenden Hochblätter noch frisch und grün sind. Am besten arrangiert man sie gleich an ihrem endgültigen Bestimmungsort, z.B. zur Dekoration eines Speckhakens (Abb. S. 55), und läßt sie dort eintrocknen. Im trockenen Zustand sind die Hopfensprosse oft so starr und brüchig, daß man sie nur noch schwer verarbeiten kann.

TIP: Nur ein einziger Farn kann zum Trocknen empfohlen werden: der Adlerfarn (*Pteridium aquilinum*). Dazu legt man Teilstücke der insgesamt meterhohen Farnwedel - gelb oder bräunlich und noch nicht eingerollt - zwischen mehrere Lagen Zeitungspapier und beschwert sie mit einigen Büchern.

Der Rote Fingerhut hat stattliche Blütenkerzen.

Reif für die Ernte: Strohblume

Konservieren leichtgemacht

Pflanzen trocknen mit Wärme, Luft und Pulvern

Es gibt viele Mittel und Wege, Pflanzen zu konservieren. Hier stellen wir einige unkomplizierte und bewährte Methoden vor.

Auch während des Trocknens schon dekorativ

Die Zahl der Pflanzenarten, die zum Trocknen verwendet werden, ist in den letzten Jahren stark gestiegen. In einer Blumenenzyklopädie aus dem Jahre 1837 sind nur sechs Arten angegeben; ein Büchlein über Trockenblumen aus dem Jahre 1961 führt immerhin schon 18 Arten auf.
Heute arbeiten wir mit Hunderten von Arten und entdecken ständig neue. Das hat zur Folge, daß unsere Gestaltungsmöglichkeiten immer vielseitiger, unsere Trockensträuße und -gestecke immer abwechslungsreicher werden. Die Fülle neu hinzugekommener Arten regt uns auch an, selbst mit weiteren Trockentechniken zu experimentieren.

Ausbeute aus dem sommerlichen Blumengarten

Nicht immer ist die aufwendigste und teuerste Technik auch die beste. Probieren wir es deshalb zuerst mit der wohl einfachsten und schnellsten Methode. Sie hat sich seit Jahrzehnten bewährt. Fast alle Pflanzen in den Trockensträußen und -gestecken dieses Buches sind auf diese Weise konserviert worden, nämlich durch Lufttrocknen an einem warmen, dunklen Ort.

Sonnenblumen – nicht nur bei Menschen beliebt

1. Untere Blätter vom Stengel entfernen

2. Stengel bündeln und mit Gummiband umwickeln

3. Bastschlaufe um die Stengel legen und zuziehen

TRANSPORT DER PFLANZEN

Die gesammelten Pflanzenteile legen wir locker in einen Korb. Bei längeren Wegen empfiehlt es sich, die Pflanzen möglichst luftig in einer großen Plastiktüte zu transportieren. Zu Hause bereiten wir das Sammelgut am besten gleich zum Trocknen vor. Übereinanderliegende frische Pflanzen beginnen nämlich schon bald zu schwitzen und bekommen schnell unansehnliche Flecken. Angewelkte Pflanzen werden obendrein oft schlaff und lassen sich dann schlechter weiterverarbeiten.

VORBEREITUNG ZUM LUFTTROCKNEN

Abbildung 1: Wir entfernen die unteren Blätter, so daß ungefähr 3–5 cm des Stengels unbeblättert sind. Bei Rosen schaben wir auch die unteren Stacheln ab. In Floristengeschäften erhält man dafür eine einfache, aber recht hilfreiche Zange.
Abbildung 2: Wir bündeln – je nach Dicke – fünf bis zehn Stengel einer Pflanzenart. Dann kürzen wir die Stengel auf gleiche Länge und umwickeln sie etwa 2 cm oberhalb der Enden mehrmals eng mit einem dünnen Gummiband. Wenn die Stengel eintrocknen, hält das Gummiband sie dennoch zusammen und verhindert, daß sie aus dem Sträußchen rutschen und zu Boden fallen. Nicht zu große Gummibänder verwenden!
Abbildung 3: Anschließend schneiden wir einen etwa 50 cm langen Bastfaden ab, legen die beiden Enden parallel zueinander und binden sie zu einem Knoten. Die Enden sollten noch etwa 2 cm überstehen. Wir halten die Stengelenden des Sträußchens quer über die Schlaufe, führen den Knoten über die Stengel und durch die Schlaufe hindurch und ziehen fest an.

TROCKNEN AN DER LUFT

Zum Trocknen der gebündelten Pflanzen eignet sich der Heizungskeller oder ein luftiger, trockener und dunkler Dachboden. Dort spannen wir entweder Leinen oder befestigen Spaliergitter (in Gartencentern erhältlich) waagerecht unter der Decke. Die Sträußchen hängen wir kopfunter an S-förmige Haken (Fleischerhaken). Diese S-Haken kann man in den verschiedensten Farben in Küchenfachgeschäften kaufen oder aber auch aus dickerem

Bunte Mischung: Statice gibt es in den unterschiedlichsten Farbtönen.

Draht selber biegen. Der Vorteil solcher S-Haken ist, daß man die Sträußchen leicht und beliebig oft umhängen kann. In den ersten Tagen werden die Sträußchen nämlich in größeren Abständen voneinander einzeln an Haken gehängt. Später - im trockenen oder angetrockneten Zustand - können auch mehrere an einem Haken hängen. Wenn man den Dachboden als Trockenraum benutzt, sollte man zumindest bei Getreide eines bedenken: Mäuse könnten Gefallen an den Körnern finden!

Schon beim Trocknen dekorativ

Besonders schöne Sträußchen können wir, schon während sie trocknen, als Raumschmuck verwenden: Wir hängen sie an Gardinenstangen, an Hakenhalter in der Küche, an die Garderobe oder an eine eigens dafür unter der Decke angebrachte Stange und dekorieren sie mit farblich dazu passenden Schleifen. Besonders schön kann ein ausgedientes, farbig gestrichenes Sprossenfenster aussehen, in dessen glaslosen Öffnungen die Sträußchen hängen (Abb. S. 28).

Abhilfe bei zu starker Trocknung

Sind unsere Trockenblumen zu trocken geworden, drohen bei der Verarbeitung einzelne Teile abzubrechen. Es gibt aber einige Möglich-

Blüte und Fruchtkapseln des Schlafmohns

keiten, um das zu verhindern:

▶ Die Sträußchen werden für einige Stunden oder auch eine ganze Nacht lang nach draußen - geschützt unter ein Vordach - gehängt.

▶ Statice wird ein oder zwei Stunden lang in ein feuchtes Küchenhandtuch gewickelt, keinesfalls länger! Die Blüten verlieren sonst ihre Farbe.

▶ Hortensien und Strohblumen kann man kurz mit einem Pflanzensprüher anfeuchten. Auf solche Art zum Verarbeiten vorbereitete Pflanzen, die nicht gleich Verwendung finden, muß man wieder zum Trocknen aufhängen.

TIP: Gräser und Fruchtstände vom Lauch verlieren leicht ihre duftig-lockere Beschaffenheit, wenn man sie kopfunter aufhängt. Wir stecken sie deshalb besser auf einen Hartmoosy-Ziegel. Dabei achten wir darauf, daß sich einzelne Stengel nicht berühren.

TROCKNEN MIT PULVERN

Im Laufe der Zeit wurden für Pflanzen, die sich schlechter trocknen lassen, z.B. für Vergißmeinnicht, Veilchen, Narzissen, Tulpen oder Petunien, besondere Techniken entwickelt, um sie haltbar zu machen. Mit Muschelsand, Waschpulver und Silika-Gel entzieht man Pflanzen die Feuchtigkeit.

Trockener Sand

Schon um die Jahrhundertwende stand das Trocknen mit Sand hoch im Kurs. Es war eine sehr arbeitsaufwendige Methode, die auch gewerblich betrieben wurde. Gewiß beherrschten einige unserer Großmütter diese Technik ebenfalls. Warum sollten wir selbst nicht auch einmal feinen Muschel-, Quarz- oder Aquariensand nehmen und diese alte Methode nachvollziehen?

Die Pflanzen dürfen nicht feucht (z.B. tau- oder regenbenetzt) sein, der Sand muß sehr trocken sein.

Zunächst bedecken wir den Boden einer Blechdose mit Sand. Dann stecken wir die einzelnen Pflanzenstengel hinein, und zwar so, daß sie einander nicht berühren. Die Zwischenräume füllen wir vorsichtig mit Sand auf. Eine 2-3 cm dicke Sandschicht bildet den oberen Abschluß. Die gut verschlossene Dose stellen wir an einen warmen Ort, z.B. in den Heizungskeller (Sonne allein reicht nicht aus!). Nach ungefähr 14 Tagen sind die Pflanzen verarbeitungsfähig.

Waschpulver

Für diese Methode eignen sich alle Waschmittel in Pulverform. Wir gehen genauso vor, wie zuvor beschrieben; eine zusätzliche Wärmequelle ist allerdings nicht erforderlich. Der Trockenvorgang dauert 2-3 Wochen. Reste des Waschpulvers entfernen wir vorsichtig mit einem feinen Pinsel. Das Waschpulver ist mehrfach verwendbar.

Silika-Gel

Ein relativ teures Mittel, das den Pflanzen das Wasser aber am gründlichsten entzieht, ist Silika-Gel. Man erhält es in Drogerien, Foto- und Chemikalienhandlungen. Es wird in verschiedenen Körnungen angeboten; die grießartige Körnung hinterläßt die wenigsten Druckspuren, ist aber auch besonders teuer.

Für diese Methode kommen in erster Linie Rosen und empfindliche Blüten in Frage. Die Technik ist die gleiche wie bei den Verfahren mit Sand oder Waschpulver. Die Pflanzen müssen ganz frisch sein und dürfen vorher nicht in Wasser gestanden haben. Wir verschließen die Dose und dichten den Deckel zusätzlich mit einem Klebeband ab. Dann stellen wir sie an einen warmen, trockenen Ort. Die Trockenzeit für kleine Pflanzen, z.B. Veilchen, liegt bei ca. 2 Tagen, die für Rosen bei ca. 1 Woche.

ROSEN, IN SILIKA-GEL ERSTARRT

Nur die Rosen in diesem Strauß sind in Silika-Gel getrocknet. Sie wirken besonders zerbrechlich. Um sie noch haltbarer zu machen, können wir sie zusätzlich mit einem Fixativ, nicht aber mit Lack besprühen.
Auf unterschiedliche Weise präparierte Pflanzen sind problemlos miteinander zu kombinieren. Solche Zusammenstellungen sind oft sogar besonders effektvoll, wie die nebenstehende Abbildung zeigt: Hier wurden Schleierkraut und Rispen-Hortensien in der zuvor beschriebenen einfachen Art an der Luft getrocknet. Sie dienen als Füllmaterial und geben den Rosen gleichzeitig Halt.

Wichtige Utensilien: Flachmoos, Bast, Moosy, Straußhalter, Messer, Scheren und Haften

Nach Öffnen der Dose schütten wir ganz vorsichtig so viel Silika-Gel ab, daß die Pflanzen nur noch etwa halb bedeckt sind. Dann lassen wir die Dose kurze Zeit offenstehen, damit die Pflanzen – sie sind jetzt sehr trocken und spröde – etwas Luftfeuchtigkeit aufnehmen können.
Während des Trockenprozesses verfärbt sich das Silika-Gel von Blau nach Rosa. Erhitzen wir es im Backofen auf knapp 100 °C, verdunstet das Wasser, und das Gel wird wieder blau. Damit es nicht gleich wieder Feuchtigkeit anzieht, muß es noch heiß in eine Büchse gefüllt und fest verschlossen werden. Sobald es erkaltet ist, ist es wiederverwendbar.

Die drei hier genannten Techniken sind nur ein kleiner Ausschnitt aus der großen Palette unterschiedlicher Konservierungsmöglichkeiten, zu denen u.a. auch das Pressen mit dem Bügeleisen, das Trocknen im Backofen, das Eintauchen in Wachs und das Haltbarmachen von Zweigen und buntem Laub mit Glycerin-Wasser-Gemisch gehören.

FÜR JEDES ARRANGEMENT DAS RICHTIGE GEFÄSS

Vasen und Schalen gibt es in den unterschiedlichsten Größen, Formen, Farben und Materialien. Sie sind aber keineswegs allesamt für Trockenblumensträuße und -gestecke gleich gut geeignet. Folgende Überlegungen helfen bei der Wahl des richtigen Gefäßes:

TIP: Bei Spaziergängen halten wir nach moosüberwachsenen Baumstümpfen Ausschau. Die flachen Moose wachsen auf wenig Erde und lassen sich leicht abheben. Die anhaftende Erde klopfen wir ab. Das Moos wird im Heizungskeller locker gelagert und getrocknet. Man kann es lange aufbewahren und für Frisch- und Trockengestecke gleichermaßen gut verwenden.

- Das Gefäß soll den Pflanzen „dienen“ und sich „unterordnen“; es sollte nicht durch seine üppigen Formen und grellen Farben dem Strauß oder Gesteck „die Show stehlen“.
- Es ist darauf zu achten, daß die Gefäße standfest sind und auch mit größeren Sträußen nicht umkippen. Im Zweifelsfall kann man etwas nachhelfen und das Gefäß mit einigen größeren Kieseln beschweren.
- Damit die Proportionen zwischen Gefäß und Trockenarrangement stimmen, müssen die Gefäße die richtige Höhe haben. Als Faustregel gilt: Die längsten Stiele sollten über dem Vasenrand noch eineinhalb- bis zweimal so lang sein, wie das Gefäß hoch ist.
- Für Trockenblumen sind zarte Glas- und Porzellangefäße in der Regel weniger geeignet als Gefäße aus Ton, Zinn, Eisen, Korbgeflecht usw. Plastik ist für Pflanzen nicht „standesgemäß“.

UTENSILIEN FÜR DIE ARBEIT MIT TROCKENBLUMEN

Material	Verwendung
Flachmoos	Abdecken von Steckmasse aus Kunststoff
Moosy (grün)	Steckmasse aus Kunststoff, für Frisch- und Trockengestecke geeignet (leichteres Arbeiten)
Moosy (braun) = Hartmoosy	Steckmasse aus Kunststoff, für Trockengestecke geeignet
Straußhalter	mit brauner Steckmasse für Trockensträuße geeignet, mit grüner nur bedingt
Biedermeier-Manschetten	für Biedermeiersträuße (vgl. S. 57)
Strohblumenhaften	Befestigen des Flachmooses auf der Kunststoff-Steckmasse (Moosy)
Gummiringe	Bündeln der Pflanzen zum Trocknen
Bast	Aufhängen der Sträuße zum Trocknen
Knety	Knetmasse zum Befestigen des Pinholders im Gefäß
Pinholder 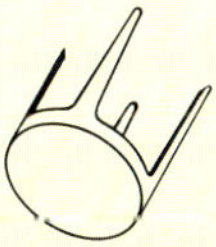	Aufspießen von Kunststoff-Steckmasse (Moosy), Verbindung von Steckmasse und Gefäß

Die genannten Materialien sind in Hobbymärkten und/oder in Blumengeschäften erhältlich.

Schlichte Gefäße für Trockensträuße und -gestecke

Das Trockengesteck – dekorativ und vielseitig

Wer ohne aufwendiges Üben und Probieren zu einem besonders natürlich wirkenden Arrangement aus Trockenblumen gelangen will, beginnt am besten mit einem Gesteck.

Papierknöpfchen haben sehr dünne Blütenstiele.

Eine mit Garten- und Wildblumen ausgesteckte Kuchenform verzaubert den Vespertisch.

In diesem mit einer Schleife verzierten Wandgesteck sind zwölf Pflanzenarten vertreten.

Die Zinnie – ein Gruß aus dem Bauerngarten

Kugeldisteln darf man nicht zu spät ernten.

Für den Anfänger ist die Stecktechnik der ideale Einstieg: Die einzelnen Stengel finden in der Steckmasse sofort einen festen Halt. Dennoch können wir sie leicht austauschen, wenn uns die Anordnung noch nicht gefällt. Obendrein bietet diese Technik fast unbegrenzt viele Variationsmöglichkeiten.

Als Unterlage für das oben abgebildete Gesteck nehmen wir einen mit einem Plastikgitter überzogenen kleinen Moosy-Ziegel, der am unteren Ende einen Haltegriff und am oberen Ende eine Öse hat („Gesteckhalter"). Die Ränder des Halters werden dünn mit Flachmoos beklebt. Um das Gesteck an die Wand hängen zu können, befestigen wir in der kleinen Öse einen Draht als Aufhänger. Die sichtbaren Teile des Moosy-Ziegels bestecken wir grob mit Hortensien und rundherum mit Silberblatt. Auf die freie Fläche setzen wir dann verschiedene Pflanzenarten, jeweils in kleinen Gruppen. Eine gebundene Schleife ziert den Haltegriff.

1. Gefäß auf Moosy drücken

2. Rand anschrägen

3. Moos befestigen

BLUMEN STECKEN SCHRITT FÜR SCHRITT

Abbildung 1: Zuerst richten wir uns eine Steckunterlage her. Dazu legen wir das ausgewählte Gefäß mit seiner Öffnung auf einen Moosy-Ziegel. Große Moosy-Ziegel sind übrigens preisgünstiger als kleine. Das Gefäß wird so kräftig in die Steckmasse gedrückt, daß sich der Umriß der Öffnung gut abzeichnet. Mit einem langen, scharfen Messer schneiden wir an der angedeuteten Linie entlang und lösen so ein „maßgeschneidertes" Stück aus der Steckmasse heraus.
Beim Arbeiten achten wir darauf, daß nicht zuviel Abfall entsteht, denn kleine Reststücke können wir für andere Gestecke nicht weiterverwerten. Die im Handel befindlichen Hartmoosy-Platten sind wesentlich härter und daher für die Arbeit mit Trockenblumen nicht so gut geeignet.
Abbildung 2: Die Moosy-Füllung geben wir in unser Gefäß. Sie sollte noch 1–1,5 cm aus dem Gefäß herausragen. Dadurch haben wir die Möglichkeit, auch seitlich Trockenblumen hineinzustecken und die scharfe Trennlinie zwischen Gefäß und Gesteck etwas zu kaschieren. Sollte unsere Moosy-Füllung hierfür zu niedrig sein, kann man Moosy-Abfall auf den Boden des Gefäßes legen und die Moosy-Füllung damit anheben. Bei größeren Gestecken kann es nützlich sein, das Gefäß mit Kieselsteinen zu beschweren und diese zwischen die Moosy-Reste zu legen.
Die überstehenden Kanten der Steckmasse runden wir mit einem Messer am Gefäßrand etwas ab. Sollte die Steckmasse das Gefäß zu weit überragen, wird sie mit einem langen Messer scheibchenweise gekürzt.
Abbildung 3: Um die künstliche Steckmasse zu verdecken, breiten wir Flachmoos darüber aus. Die Mooslage darf nicht zu dick sein, sonst können wir sie mit den Pflanzenstengeln nicht mehr durchstechen. Wir zupfen die einzelnen Moosstückchen mit den Fingern auseinander und befestigen sie dann mit Strohblumenhaften. Haften können wir uns aus Draht auch selber biegen. Sollte noch Moos über den Gefäßrand herabhängen, drükken wir es mit einem Messerrücken in das Gefäß hinein. Wem es gefällt, der läßt einzelne Moosstielchen einfach locker aus dem Gefäß heraushängen. Wichtig: Wenn wir mit Trockenblu-

4. Grundmuster stecken

5. Lücken ausfüllen

men arbeiten, dürfen wir nur trockenes Flachmoos verwenden, sonst ziehen die Stengel Feuchtigkeit und knicken um.

Abbildung 4: Unsere Gestecke sollen möglichst natürlich wirken. Dennoch hat es sich als hilfreich erwiesen, eine gewisse Grundordnung einzuhalten. Dem fertigen Gesteck sieht man sie nicht mehr an. Es erhält auf diese Weise eine gleichmäßige Höhe und Breite.
Zunächst stecken wir die zentrale Gruppe aus markanten Trockenblumen, und zwar möglichst in einer ungeraden Anzahl (hier sind es drei gelbe Färberdisteln). Der mittlere Stengel ragt am höchsten heraus und bestimmt zugleich die Höhe des Gestecks. Die beiden übrigen Stengel stecken wir etwas tiefer hinein.
Am Gefäßrand stecken wir vier ähnliche Dreiergruppen - je zwei einander gegenüberliegend - und legen auf diese Weise die Breite des Gestecks fest.

Abbildung 5: Anschließend füllen wir die Zwischenräume mit Blüten aus. Dabei achten wir darauf, daß die vorgegebene Höhe und Breite nicht überschritten werden.
Pflanzen mit besonders harten Stielen können wir zuletzt in noch verbliebene Lücken stecken. Hafer und Einjähriger Rittersporn bieten sich z.B. dafür an. Sie lockern das fertige Gesteck obendrein noch auf. Gegebenenfalls dürfen sie die anfangs geplante Höhe und Breite sogar etwas überschreiten.

Ausdrucksvoll in Form und Farbe: die Färberdistel

FUNDSTÜCKE VOM TRÖDELMARKT

Was haben Trödelmärkte mit dem Blumenstecken zu tun? Mehr, als Sie zunächst ahnen! Gerade auf Trödelmärkten kann man gelegentlich besonders schöne Gefäße für Trockenblumengestecke finden. Hier können wir ausgiebig herumstöbern und nicht selten ein „Schnäppchen" machen. Alte Bratentöpfe, die schon Rost angesetzt haben, werden gesäubert und mattschwarz gestrichen. Zum Braten sind sie dann allerdings nicht mehr geeignet. Kuchenformen, Gurken- und Schmalztöpfe aus Großmutters Zeit erstrahlen nach einer gründlichen Reinigung in neuem Glanz. Nicht nur Eisen-, Ton- und Holzgefäße kommen für Gestecke in Betracht; sehr reizvoll sehen z.B. Rosengestecke auch in alten Saucieren und Suppenterrinen aus. Solche Arrangements sieht man jedenfalls nicht alle Tage.

GESTECK IM BRATENTOPF

Für das unten abgebildete Gesteck wählen wir einen ovalen Bratentopf, in dessen Mitte wir in Längsrichtung einen Hartmoosy-Ziegel stellen. Die Freiräume zwischen Gefäßrand und Ziegel füllen wir mit schmalen Hartmoosy-Stücken auf. Die Steckmasse soll 1 cm über den Gefäßrand herausragen; den Rand schneiden wir rundherum schräg ab. Dann bestecken wir die gesamte Oberfläche mit Flachmoos.
Einzelne über die gesamte Fläche verteilte Kardendisteln legen die gewünschte Höhe des Gesteckes fest. Dazwischen ordnen wir truppweise die übrigen

Ein ausgedienter Bratentopf aus Großmutters Zeit ist ein ideales Gefäß für Wildpflanzen von der Wiese und vom Wegesrand.

Trockenblumen an. Am Gefäßrand stecken wir schräg von außen kürzere Stengel hinein. Um die verschiedenen Pflanzenformen und -farben möglichst gleichmäßig über das Gesteck zu verteilen, drehen wir das Gefäß beim Stecken öfter. Für dieses eher rustikale Gesteck haben wir ausschließlich Wildpflanzen ausgewählt. Das **Gesteck in der Kuchenform** (Abb. S. 36) dagegen vereint Garten- und Wildpflanzen. Beide Varianten sind in ihrer Wirkung ganz verschieden. Das Gesteck in der Kuchenform ist ganz in Gelbtönen

Auf kargem Straßenschotter wächst der Färber-Wau.

Natürliche Partner: Pflanzengesteck auf Tonziegel

gehalten. Sie finden ihre Entsprechung in den Farben des gewebten Bändchens, das wir – zur Schleife gebunden – angedrahtet und seitlich in die Moosy-Masse gesteckt haben.

ZIEGELSTEIN ALS UNTERLAGE

Für unsere Gestecke müssen wir keineswegs nur Gefäße verwenden. Auch ein Hohlziegel (vgl. Abb. links) oder eine alte Dachpfanne können sich – besonders für ein „bodenständig" wirkendes Gesteck – als Unterlage eignen.
Um die Steckmasse darauf zu befestigen, gibt es einen Trick: Zunächst erwärmen wir eine kleine Knety-Kugel über einer Flamme (Streichholz) und geben sie auf die Unterlage. Dann drücken wir einen Pinholder hinein. Mit einer Klebepistole kann man den Pinholder auch direkt auf der Unterlage befestigen. Auf die Enden des

Pinholders spießen wir ein viereckiges Stück Hartmoosy und runden die Kanten etwas ab. Dann überziehen wir die Steckmasse mit einer dünnen Moosschicht. Zunächst stecken wir die höchsten Pflanzen, die übrigen dann abgestuft in verschiedenen Höhen.

TIP: Vor dem Stecken die Stengel der Trockenblumen noch einmal gerade abschneiden!

KARDENDISTEL ALS MITTELPUNKT

Keineswegs nur auf Wildblumen-Gestecke beschränkt ist die Verwendung der Wilden Karde. Bei Trockenblumenfreunden und Floristen ist sie gleichermaßen beliebt. Sie wird schon seit eh und je für Wintersträuße und -gestecke benutzt und oft sogar mit unterschiedlichen Farbtönen besprüht. In Mattgold sorgt sie zwischen dem Tannengrün von Weihnachtsgestecken für festlichen Glanz. Ansonsten sind gefärbte Karden nicht jedermanns Geschmack; überhaupt sollte man sich mit dem Färben von Trockenpflanzen lieber zurückhalten.

Je nach Farbton, den man bevorzugt - ob grünlich oder bräunlich -, sammelt man die Kardendisteln im Sommer oder im Herbst an Wegrändern oder auf Brachflächen, in jedem Fall aber nach der Blüte. Den stacheligen Stiel faßt man am besten mit einer Rosenschere. Da sich die Stengel später nicht mehr biegen lassen, sollte man beim Sammeln auf ihre Wuchsform achten. Stengel mit kleineren Fruchtständen kann man zudem leichter in ein Gesteck eingliedern als solche mit großen.

Übrigens: Die Wilde Karde - und vor allem auch ihre nächste Verwandte, die Weberkarde - war dem Menschen früher in ganz anderer Weise dienlich. Die Fruchtstände mit ihren starren, stacheligen Hochblättern wurden zum Aufrauhen von Wolle benutzt.

Und auch in botanischer Hinsicht ist die Wilde Karde hochinteressant: Ihre gegenständigen Blätter sind an der Basis miteinander verwachsen und bilden Zisternen, in denen sich das

Wilde Karde – seit jeher als Trockenblume beliebt

Dost wird heute oft auch als Oregano bezeichnet.

Regenwasser sammelt. Auch in sonnigen Perioden hält es sich erstaunlich lange darin. Diese Pflanzengewässer können von etlichen kleinen Wasserlebewesen genutzt werden, die sogar eine eigene Lebensgemeinschaft bilden.

TIP: Verwenden Sie Blüten, Stengel oder Sträußchen - wenn möglich - in ungerader Zahl. Das wirkt meistens harmonischer.

GESTECKE „EINSEITIG" ODER „RUND"?

Grundsätzlich unterscheidet man „Rundgestecke" und „einseitige Gestecke". „Rundgestecke" können von allen Seiten betrachtet werden und frei im Raum stehen, z.B. mitten auf einem Tisch. Solche Tischgestecke verleihen jeder zu einem besonderen Anlaß festlich gedeckten Tafel ihren ganz eigenen Reiz. Wir sollten nur darauf achten, daß sie nicht zu hoch werden, damit sich einander gegenübersitzende Gäste noch sehen können und nicht nur „durch die Blume sprechen". Mehrere solcher Arrangements können wir durch locker ausgelegtes Schleifenband oder durch Kordeln miteinander verbinden.
Für „einseitige Gestecke" benötigt man viel weniger Pflanzenmaterial als für „Rundgestecke". Oft genügen schon wenige markante Trockenblumen. Nur die „Schokoladenseite" dieser Gestecke staffieren wir besonders schön aus. Auch sie hat einen betonten höchsten Punkt. Die Länge der übrigen Stengel nimmt zu den Rändern hin ab. Linke und rechte Seite des Gestecks können durchaus mit unterschiedlichen Pflanzenarten gestaltet werden. Farblich allerdings sollte das Gesteck eine Einheit bilden. Für die Rückseite verwenden wir nur einige unscheinbare oder auch weniger wertvolle Pflanzen.
Die „einseitigen Gestecke" finden hervorragend Platz vor einer Wand oder in einer Ecknische.

TIP: Zu große Dolden oder Rispen können ein Gesteck erdrücken. Schneiden Sie ruhig randliche Döldchen oder Rispenäste vor dem Stecken ab.

DAS KLEINE WILDLANDSTÜCK

Leider viel zu selten nimmt man sich die Zeit, um sich Aufbau und Wuchsform einer Pflanze oder einer kleinen Pflanzengemeinschaft einmal näher anzusehen. Albrecht Dürer hat es getan. Bei der Betrachtung seines „kleinen Rasenstücks" hat gar mancher erstmals bewußt die Schönheit vermeintlich unscheinbarer Pflanzen erlebt.

Wie wäre es, wenn wir uns selbst ein Stück Wildland gestalten? Das würde nicht nur unser Heim verschönern, sondern uns vielleicht auch an einen erlebnisreichen Ferientag erinnern.

Wir bringen von einem Spaziergang einige Wildpflanzen mit, die uns bei näherer Betrachtung besonders gefallen haben. Die Pflanzen werden nicht getrocknet, sondern frisch verarbeitet. Ein Stück Maschendraht gibt ihnen dabei Halt. Aus diesem Draht formen wir eine Röhre, deren Höhe und Durchmesser von der Größe der Pflanzen abhängen. Die Längsenden des Drahtgeflechts verbinden wir mit Wickeldraht.

Im rechts abgebildeten Arrangement fiel die Wahl auf Königskerze, Krausen Ampfer, Wilde Karde, Bärenklau, Rainfarn, Schafgarbe, Kamille, Minze, Steinklee, Dost und Ackerwinde. Pflanzen mit biegsamem Stengel ziehen wir durch die Maschen des Drahtgeflechts, lassen aber die Sproßspitzen stets frei stehen oder überhängen. Größere Pflanzen und solche mit härterem Stengel befestigen wir an einigen Stellen unauffällig mit einem Stück Silberdraht. Die Pflanzen können das Gitter zum Teil überragen. Derart gestützt, trocknen sie allmählich ein. Wenn am Boden noch Draht sichtbar ist, können wir dort Moos einflechten oder an einigen Stellen aufkleben, so daß der Boden natürlich wirkt.

Ein Drahtgeflecht gibt den Trockenblumen Halt und bringt sie besonders gut zur Geltung.

GESTECK IM HOLZRAHMEN

Ein Gesteck – als Bild im Rahmen – kann man aufstellen oder an die Wand hängen. Den Rahmen kauft man fertig, oder man stellt ihn aus Holzleisten selbst her. Auf die untere Leiste kleben wir mehrere Pinholder und drücken passend zugeschnittene Streifen Hartmoosy darauf. Die Steckmasse decken wir mit Moos ab und stekken die Pflanzen gruppenweise und in unterschiedlichen Höhen hinein.
Ein solches „Naturbild“ rein aus Früchten und Fruchtständen sieht auch sehr gut aus.

MOHN IST NICHT GLEICH MOHN

Mohnkapseln sind für Trockengestecke oft besonders willkommen. Das gilt sowohl für die Wild- als auch für die Gartenformen. Zu den Wildformen zählen der Klatschmohn mit kugelig-eiförmigen und der Saatmohn mit länglicheren Kapseln. Da der wilde Mohn aus den meisten Feldern verdrängt wurde, prägt man sich die wenigen noch vorhandenen Standorte an frischen Böschungen, auf Schuttplätzen und Brachen am besten zur Blütezeit ein. Schon sehr bald nach der Blüte werden die bräunlichen Kapseln gesammelt. Sie reifen im Trockenkeller nach und entlassen dabei auch ihre Samen, die wir im Garten, auf einem vegetationsarmen Stück Wildland oder auf einem Ackerrandstreifen aussäen können. Werden die Mohnkapseln möglichst früh geerntet, bleiben die Stengel härter, und die Kapseln bekommen keine Flecken.
Auch im Garten finden wir unterschiedliche Kapselformen. Schlafmohn können wir sowohl mit grünen als auch mit ausgereiften Kapseln ernten. Staudenmohn eignet sich weniger gut zum Stecken. Scheinmohn sammeln wir nur mit voll ausgereiften Kapseln; sie sind klein und länglich.

Kapseln des Klatschmohns – klein, aber fein

1. Äußeren Kranz aus Silberblatt stecken

2. Trockenblumen gruppenweise dazustecken

3. Eventuell vorhandene Lücken schließen

IN STRAUSSHALTER STECKEN SCHRITT FÜR SCHRITT

Abbildung 1: Für einen gesteckten Strauß benötigen wir einen Straußhalter. Den Griff umwickeln wir mit grünem oder braunem Blumenband (Guttacoll). Anfang und Ende des Bandes befestigen wir mit etwas Klebstoff. Die Steckmasse können wir mit Flachmoos kaschieren und es mit Strohblumenhaften feststecken.

Zunächst stecken wir einen äußeren Kranz aus Silberblatt. Er wirkt wie eine natürliche Manschette. Die Stiele sollten grüne, noch unreif geerntete Schötchen tragen. Statt des Silberblatts können auch Gräser, farbige Statice oder anderes Blattwerk den randlichen Abschluß bilden.

Abbildung 2: Im nächsten Arbeitsgang füllen wir die Oberfläche der Steckunterlage mit Trockenblumen aus. Auch hier bietet es sich an, nach einem bestimmten Schema vorzugehen. Am besten stecken wir ein Grundmuster aus Tuffs. Dazu werden z.B. einzelne großblumige Stengel oder aber mit Silberdraht zu Sträußchen gebündelte kleinblumige Stengel über die Fläche verteilt. Eine ganz andere Wirkung erzielt man, wenn man große und kleine Blüten mischt.

Für das Straußhalter-Arrangement auf S. 47 unten wurden Rosen, Statice, Zittergras, Jungfer im Grünen, Prachtscharte und Mohn verwendet.

Aber weder in der Wahl der Pflanzenarten noch in ihrer Zusammenstellung oder Farbgebung sind der Phantasie und dem jeweiligen Geschmack Grenzen gesetzt.

Abbildung 3: Haben wir uns zuvor für ein Grundmuster entschieden, so folgt nun ein dritter Schritt, bei dem wir die noch vorhandenen Lücken ausfüllen. Für diese Arbeit hält man in der Regel solche Pflanzen zurück, die besonders harte Stiele haben und deshalb gut zu stecken sind. Bei dem fast fertigen Strauß müssen wir nämlich sehr vorsichtig zu Werke gehen, um die bereits gesteckten Blüten und Blätter nicht zu beschädigen. Harte Stengel haben z.B. die Fruchtstände der gelben Jungfer im Grünen, Mohnkapseln, Färberdistel, Einjähriger Rittersporn und Hafer.

Im fertigen Strauß (Abb. S. 47 unten) ist die ursprüngliche Grundordnung nicht mehr erkennbar; sie hat sich einem harmonischen Gesamtbild untergeordnet.

EIN STRAUSS – DREI FARBEN

Die Farben Rosa, Blau und Weiß passen sehr gut zueinander. Wie in der Abbildung rechts lassen sich rosa Rosen, weiße Papierknöpfchen und blauer Einjähriger Rittersporn schön kombinieren. Wir stecken diesen Strauß bewußt sehr locker, damit jeder Zweig, jede Blüte und jedes Blatt voll zur Geltung kommt.
Der Straußhalter ist besonders sorgfältig mit Flachmoos verkleidet, denn die Pflanzen haben so viel Abstand, daß die Unterlage an einigen Stellen sichtbar bleibt. Beim Stecken ist es von Vorteil, den Straußhalter in ein enghalsiges Gefäß zu stellen.
Wir umwickeln drei bis vier Papierknöpfchen-Stengel am unteren Ende ungefähr 2-3 cm mit Silberdraht. Dann schneiden wir den Draht und die Stengelenden glatt ab. Mehrere solcher Sträußchen verteilen wir über die Steckfläche. Dazwischen setzen wir die Rosen; sie sollen die Papierknöpfchen etwas überragen. Stielreste von Rosen, soweit noch Blätter daran sind, werden so zurechtgeschnitten, daß sie oben jeweils mit einem Blatt enden. Sie werden zur Auflockerung zwischen die übrigen Trockenblumen gesteckt. Zu guter Letzt fügen wir blauen Einjährigen Rittersporn ein. Damit er nicht zu weit aus dem Gesteck herausragt, entfernen wir entweder am unteren Ende des Blütenstandes einige Blüten, oder wir kappen - natürlich möglichst unauffällig - die Spitze. Zum Schluß ziehen wir eine Biedermeier-Manschette über den Griff des Straußhalters und kleben sie daran fest.
Wem es gefällt, der kann auch noch eine Schleife in passender Farbe hinzufügen.

Blau – Weiß – Rosa: Trockengesteck im Straußhalter

In einem Straußhalter kann auch der Ungeübte Blüten und Früchte dekorativ anordnen.

Tagetes in verschiedenen Farbtönen (oben, rechts)

Wer Rittersporn im Garten hat, kann farbenprächtige Sträuße binden.

Trockenblumen binden

Der Trockenstrauß – immer ein attraktiver Blickfang

Sträuße aus Trockenblumen können auf unterschiedlichste Art und Weise gestaltet und für die verschiedensten Gelegenheiten verwendet werden. Auf den Ideenreichtum kommt es an.

Boten schon die Gestecke viele Variations- und Verwendungsmöglichkeiten, so werden sie von den Trockensträußen darin noch übertroffen. Egal, wie unsere Wohnung eingerichtet ist - eher rustikal, klassisch oder modern -, Trockensträuße schmücken jeden Raum und schaffen eine wohnliche Atmosphäre. Wir können sie regulär aufrecht stellen, sie aber auch kopfunter aufhängen oder einfach legen.

Ob als Sträußchen auf unserer Wohnzimmerkommode oder als großzügiges Arrangement in der Bodenvase, als kleines Mitbringsel oder als festliches Bukett, als eleganter Rosen- oder als rustikaler Wildkräuterstrauß - dem kreativen Blumenfreund stehen alle Möglichkeiten offen. Erlaubt ist, was gefällt.

EIN STRAUSS – ZWEI FARBEN

Der unten abgebildete Strauß, dekorativ auf eine Kommode gelegt, fällt durch seine leuchtenden

Ein blau-gelber Strauß aus Rittersporn, Tagetes und Färberdistel mit passendem Band

Farben und die Verwendung zum Teil ausgesprochen kompakter Blütenstände auf.
Vor Beginn der Arbeit haben wir die für den Strauß ausgewählten Pflanzen nach Arten bzw. Sorten gruppenweise geordnet, so daß wir sie leicht greifen können. Das ist beim Binden weitaus wichtiger als beim Stecken, denn wir haben nur eine Hand frei; die andere umfaßt den Strauß. Auch ein Bastfaden und eine Schere liegen in Griffweite.
Beim Pflanzenmaterial haben wir uns für eine großblütige Tagetes-Sorte in zwei Gelbtönen entschieden - in Hell- und Orangegelb -, außerdem für eine Färberdistel, ebenfalls in Orangegelb. Beide Arten sind Korbblütler mit kompakten Blütenständen und intensiven Farben. Die Körbchenhülle der Färberdistel bringt zusätzlich ein dezentes Grün mit ein. Als wirkungsvoller Kontrast in Farbe und Form dient der leuchtendblaue Einjährige Rittersporn. Er lockert den Strauß auf und übertrifft Tagetes und Färberdisteln an Höhe.
Der Bastfaden, der den Strauß zusammenhält, wird von einem handgewebten Band verdeckt, das in seinem Naturweiß und Rotorange die Farbkomposition ergänzt und den Strauß um eine schwungvolle Komponente bereichert.
Statt eines Bandes bieten sich auch durchgewebte Borten oder Kordeln an, die in passenden Farbtönen kombiniert werden. Die Enden der Kordeln werden verknotet, damit sie sich nicht aufdrehen.

Stauden-Rittersporn und Rosen beherrschen diesen „einseitig" gebundenen Strauß.

Riesen-Tagetes

Studentenblumen (*Tagetes*) sind sehr beliebte und weit verbreitete Gartenpflanzen. Viele Hobbygärtner setzen sie auch in ihren Gemüsegarten, damit sie den Boden verbessern. Außerdem werden Tagetes gerne von Schnecken gefressen. Die so angelockten Tiere können dann leichter abgesammelt werden.
Die Idee, sie als Schnitt- und Trockenblumen ins Haus zu holen, ist noch nicht sehr alt. Vielleicht liegt das an ihrem scharfen Geruch; einige neuere Sorten riechen jedenfalls nicht mehr so streng. Allerdings sind längst nicht alle Tagetes-Sorten zum

Trocknen geeignet. Hervorragend bewährt haben sich inzwischen die *Tagetes erecta*-Hybriden (vgl. Abbildungen auf S. 48 oben), und zwar die reichgefüllten, bis zu 75 cm Höhe heranwachsenden Sorten. In Samenkatalogen sind die betreffenden Sorten in der Regel als „Schnittblumen" gekennzeichnet.
Bei der Ernte sind die Blütenkörbchen der unverzweigten Seitentriebe den dicken Blütenständen des Haupttriebes vorzuziehen. Wenn man verwelkte Blüten rechtzeitig abschneidet, erscheinen bis zum Frost immer neue Triebe. Die Ausbeute kann dadurch schon bei wenigen Pflanzen sehr groß sein. Wir sollten Tagetes allerdings nur dann ernten, wenn die Blütenkörbchen auch innen völlig trocken sind.

Stauden-Rittersporn leuchtet intensiv blau.

Rosen geben Trockensträußen einen besonderen Duft.

„EINSEITIGE" GEBINDE

Neben „einseitigen" Gestecken gibt es auch „einseitige" Gebinde. Man kann sie in der Hand halten, an der Wand befestigen oder auch – wie auf der Abbildung auf S. 50 gezeigt – auf eine Unterlage legen. Dieser Strauß ist flach und teilweise biegsam gearbeitet und einseitig um einen kräftigen Stengel des Stauden-Rittersporns als zentraler Achse aufgebaut. Farblich ist der Strauß in Blau-, Weinrot- und Rosatönen gehalten. Blau ist der Stauden-Rittersporn, weinrot der Fuchsschwanz

1. Wir stellen die Trockenblumen – nach Arten und Farben sortiert – und die Arbeitsutensilien am Arbeitsplatz bereit.

2. Einzelne Blütenstiele oder Sträußchen legen wir – immer abwechselnd links und rechts – schräg an.

(*Amaranthus caudatus*), und rosa sind die unterschiedlichen Statice-Arten, die Rosen und die Fruchtstände der Jungfer im Grünen (*Nigella damascena*). Zusätzlich sind auch noch Fruchtstände von Stachelähre (*Acanthus*) und Schmucklilie (*Agapanthus*) eingearbeitet. Es ist ratsam, die Fuchsschwanz-Stengel mit dünnem kupferfarbenem Draht zu umwickeln. Das verleiht ihnen Halt und Elastizität zugleich.

TIP: Beim Straußbinden sollte man nicht sitzen, sondern stehen, weil man so den besseren Überblick hat.

STRÄUSSE BINDEN SCHRITT FÜR SCHRITT

So leicht uns das Blumenbinden erscheint, wenn es einer Floristin flott von der Hand geht, so schwierig ist es für den Anfänger, der gleich ohne „Trockenübung" zur Sache kommen will. Deshalb auch der gutgemeinte Rat: Erst einmal mit dünnen Bambusstäbchen, langstieligen Frischblumen oder getrocknetem Getreide eine Weile trainieren!

Abbildung 1: Wir legen uns etwa 10–15 Bambusstäbchen oder Blütenstengel, einen Bastfaden, eine Garten- und eine Papierschere sowie ein kleines Messer zurecht. Wenn wir mit Blütenstengeln üben, entfernen wir zunächst die Blätter vom unteren Drittel der Stiele und legen die Pflanzen griffbereit neben die rechte Hand.

Abbildung 2: Wir beginnen unsere Übung mit zwei Stengeln, die wir fest in der linken Hand halten. Später kann man – wie in der Abbildung gezeigt – anstelle einzelner Stengel auch Sträußchen nehmen. Dann greifen wir nach einem weiteren Blütenstengel und legen ihn schräg über oder auch hinter die beiden ersten Stengel. Die übrigen Blütenstiele legen wir in der gleichen Weise an, und zwar immer abwechselnd

3. **Wir umwickeln den fertigen Trockenstrauß oberhalb der Hand mehrmals fest mit einem Bastfaden.**

4. **Zum Schluß schneiden wir die Bastenden ab und kürzen alle Stengel mit der Gartenschere auf gleiche Länge.**

einmal auf der rechten und einmal auf der linken Seite. Auf diese Art werden die Stengel abwechselnd über Kreuz gelegt, wobei der Daumen den Kreuzungspunkt stets fest „im Griff hat". Nach Möglichkeit versuchen wir bei dieser Arbeit, den Strauß hin und wieder etwas zu drehen, damit er gleichmäßig wird. Wenn der Strauß allmählich dicker wird, nehmen wir

TIP: Soll der Strauß locker werden, umfaßt man die Stengel weiter unten. Soll er dagegen dicht werden, verlagert man den „Haltepunkt" weiter nach oben.

noch die übrigen Finger zur Hilfe.

Abbildung 3: Um den fertigen Strauß legen wir einen Bastfaden, und ebenso auch um unsere Übungsstäbe. Wir lassen ein Bastende hängen und wickeln den Bastfaden im Uhrzeigersinn von unten nach oben oberhalb der Hand locker um die Stengel. Beim dritten und vierten Umgang ziehen wir ihn fest an.

Abbildung 4: Wir legen den Strauß auf den Tisch, verknoten die Bastenden und schneiden sie mit einer Papierschere oder einem Messer ab. Die unterschiedlich langen Stiele werden mit der Gartenschere auf gleiche Länge gekürzt.

Statice wird eigens zum Schnitt angebaut.

Wenn wir kurz vor dem Zusammenbinden des Straußes bemerken, daß noch Lücken vorhanden sind oder uns die Farbverteilung nicht gefällt, können wir die Faust etwas öffnen und vorsichtig einen oder mehrere Stengel von oben an der gewünschten Stelle einfügen. Bricht unglücklicherweise eine markante Blüte im fertigen Strauß ab, kann diese mit der Klebepistole ganz leicht wieder angeklebt werden.

DER BETONTE MITTELPUNKT

Viele Sträuße werden bewußt kompakt und rundlich gearbeitet und - wenn überhaupt - durch Gräser und zarte Blüten aufgelockert und von ihnen etwas überragt. Auch in lokker gebundenen Sträußen stehen meistens mehrere Blütenstiele gleichberechtigt nebeneinander (vgl. Abb. S. 56).
Doch gerade große Sträuße, z.B. in Bodenvasen (Abb. S. 58), und einseitige Gebinde (Abb. S. 50) können besonders attraktiv aussehen, wenn sie einen markanten Mittelpunkt haben. Dazu bieten sich Pflanzenarten an, die schon von Natur aus imposant wirken und die übrige Vegetation überragen.

Im Garten sind das Hochstauden und Solitäre, soweit sie stehende und nicht hängende Blüten- oder Fruchtstände haben. Zu ihnen gehören u.a. Stauden-Rittersporn, Kugeldistel, Schwarzer und Weißer Germer, Schmucklilie (*Agapanthus*), Lauch und einige hochwüchsige Gräser.
Auch auf Wild- und Ödland finden wir solche Arten. Sie wachsen meist nicht in dichten Beständen, sondern vereinzelt oder in lockeren Gruppen. Denken wir z.B. an den Fruchtstand der Nachtkerze (*Oenothera biennis*) oder die Blütenstände von Königskerze (*Verbascum*), Krausem Ampfer (*Rumex crispus*), Wilder Karde, Gelbem Wau und Färber-Wau.
Es gibt zwei Möglichkeiten, einen Strauß mit Mittelpunkt zu binden: Entweder man beginnt mit dieser zentralen Trockenblume und richtet alle übrigen Pflanzen darauf aus. Etliche Blumenfreunde aber ziehen es vor, den Mittelpunkt nachträglich von oben her in den fertigen Strauß einzufügen.

Weibliche Hopfenranken sind heute sehr begehrt.

STRÄUSSCHEN RINGSUMHER

In Deutschland gehören Trockensträuße in Wohnungen, Büros und öffentlichen Einrichtungen nicht gerade zum festen Inventar. Anders dagegen in den Niederlanden. Hier gibt es vielerorts - vor allem in Großstädten - Schulgärten, in denen die Kinder nachmittags unter Anleitung der Lehrer Pflanzen heranziehen, darunter auch solche, die sich zum Trocknen eignen. Mancher Klassenraum erinnert eher an den Ausstellungspavillon eines Floristen: Die bunte Pracht hängt an Haken und Stangen unter der Decke und ziert Tische und Wände - ja, selbst die Flure. Wem nicht so viel Raum zur Verfügung steht, der kann seine Trockensträußchen auch platzsparend und trotzdem dekorativ - aufhängen. Ein großer Metall- oder Holzring oder - wie in der Abbildung rechts - ein alter, zweckentfremdeter Speckhaken ist ein geeigneter Aufhänger gleich für mehrere kleine Sträuße. Es ist einerlei, ob die Sträuße aus verschiedenen Arten oder nur aus einer Art bestehen. Wir wählten in unserem Fall - passend zu der hölzernen Wildente - Wildpflanzen wie Sumpf- und Schafgarbe, Flockenblume,

Wildblumensträußchen an einem alten Speckhaken

Wilde Möhre, Gamander, Johanniskraut, Wau, Rainfarn, Wilde Karde, Mädesüß, Hellerkraut, Goldrute, Dost und Krausen Ampfer. Drei Sträuße sind in gelben und grünen Farbtönen gehalten, die drei anderen sind bunt gemischt. Die Bastbändchen kaschieren wir mit bräunlichem Schleifenband, das - verknotet - zugleich als Aufhänger dient. Aus zwei in Farbe und Breite unterschiedlichen Bändern formen wir Schleifentuffs und kleben sie mit der Klebepistole außen an die Sträußchen.

STELZEN AUS DRAHT UND HOLZ

Wenn wir Sträuße aus Trockenpflanzen binden oder auch Gestecke anfertigen, taucht gelegentlich ein Problem auf: Die Blütenstiele sind zu kurz. Und gerade bei Trockenblumen brechen sie obendrein auch manchmal ab.

In diesen Fällen gibt es Hilfe: Wir verlängern die zu kurzen Stengel künstlich und „stellen" sie auf Drahtstelzen. Dazu verwenden wir ummantelte Steckdrähte (0,7-1,2 mm Durchmesser), die auf 28-30 cm Länge zugeschnitten sind, oder dünnen Silberdraht von 20 cm Länge.

Den Draht legen wir - etwa 2-3 cm oberhalb des Stielendes - quer über den Stengel. Draht und Stengel halten wir mit dem linken Daumen und Zeigefinger fest. Ein Drahtende sollte etwa 1 cm länger als das Stengelende sein, das andere ist beliebig lang. Wir biegen das kurze Drahtende herab und drücken es so eng wie möglich an den Stengel. Mit dem anderen Ende des Drahtes umwickeln wir mehrmals den Stengel samt dem herabgebogenen kur-

Schmuck für den Küchentisch: ein buntes Allerlei aus dem sommerlichen Garten

zen Draht und kürzen es auf das erforderliche Maß. Unauffälliger werden die Stelzen, wenn wir den Draht mit braunem oder grünem Kautschukband (Guttacoll) umwickeln. Die Enden befestigen wir mit einem Tropfen Klebstoff.
Für besonders große und schwere Blüten oder Blütenstände verwenden wir Holzstäbchen oder stabileren Draht (1,2-1,8 mm Durchmesser) als Stelzen. Diese verbinden wir mit dem zu kurzen Stengel, indem wir beide mit Silberdraht umwickeln und anschließend mit Kautschukband kaschieren.
Einige Strohblumen-Arten, von denen nur die Körbchen geerntet werden, erhalten - am besten sofort nach der Ernte - einen künstlichen Stiel: Dazu biegen wir einen Draht 1-2 cm haarnadelförmig um und stechen die beiden Enden gerade durch den Körbchenboden hindurch.

STÜTZEN AUS DRAHT

Um zarten, dünnen Blütenstielen - z.B. vom Papierknöpfchen - mehr Halt zu geben und sie besser binden und stecken zu können, umwickeln wir zwei bis drei Stielchen mit Silberdraht. Wir legen den Draht - nach unten weisend - mit dem kürzeren Ende parallel zu den Stielchen. Mit dem längeren Ende gehen wir nun spiralig um die freien Stengelenden und um den parallel dazu liegenden Draht. Mit einer Drahtschere schneiden wir Stengel- und Drahtenden glatt ab.
Hohle Stengel, wie sie Stauden-Rittersporn, Zinnien und Pompondahlien haben, stützen wir schon im frischen Zustand, also gleich nach der Ernte, mit einem Steckdraht: Er wird möglichst bis zum Boden des Körbchens in den Stengel geschoben.

SCHMUCKSCHLEIFEN

Verzieren wir unsere Sträuße und Gestecke zusätzlich mit Schleifen, wirken sie besonders dekorativ. Schleifenbänder unterscheiden sich sowohl im Preis als auch in der Qualität sehr stark. Es gibt sie nicht nur

EIN GRUSS AUS DER BIEDERMEIERZEIT

Biedermeiersträuße sind immer halbkugelig gearbeitet. Die Blüten stehen sehr dicht, ohne daß einzelne besonders herausragen. Man faßt die Sträuße mit einer Papiermanschette ein. Sie sind ein willkommenes Gastgeschenk zu den unterschiedlichsten Anlässen. Vor allem Kindern gibt man gern einen solchen Strauß in die Hand.
Der Strauß rechts in der Abbildung ist in einem strengeren Muster gebunden, der linke ist bunt gemischt.

einfarbig und gemustert, sondern auch in verschiedenen Breiten (0,5-5 cm und breiter) und Materialien (z.B. Satin, Jute und Papier). Manche haben einen gewebten Rand, andere nicht. Bei einigen ist eine Drahtverstärkung in den Rand mit eingearbeitet; diese Bänder lassen sich besonders gut legen.
Das Schleifenband sollte jeweils gezielt für den betreffenden Strauß ausgewählt werden. Statt Schleifenband bieten sich auch gewebte Bändchen, Kordeln und Naturbast zur Dekoration an.

Einen Tuff gestalten

Bevor wir mit dem Basteln des Tuffs beginnen, legen wir die erforderlichen Materialien bereit: Schleifenband, Steckdraht, Schere sowie Kantenschneider oder Zange.
In der Mitte eines 80-100 cm langen Schleifenbandes werden zwei einander gegenüberliegende Schlaufen gebildet; die Enden hängen links und rechts herunter. Wichtig dabei ist, daß sich die Schlaufen in der Mitte überlappen. Ein zweites, vielleicht andersfarbiges oder auch dünneres Schleifenband wird in derselben Weise mit Schlaufen versehen, über das erste gelegt und mit Daumen und Zeigefinger festgehalten.

Ein Steckdraht wird etwa 3 cm vom oberen Ende entfernt zu einem Haken umgebogen und von oben über die Schlaufen gestülpt. Diese werden eng zusammengezogen. Zum Zusammendrehen der Enden des Drahthakens benutzen wir den Kantenschneider oder eine Zange. Das kurze Ende des Drahthakens wird abgekniffen; mit dem langen Ende stecken wir die Schleife in das Gesteck oder den Strauß. Die Enden des Schleifenbandes sehen noch schöner aus, wenn sie schräg an- oder gabelförmig eingeschnitten werden.

Für ein großes Bodengefäß kommen vor allem stattlichere Pflanzen in Frage.

WILD- UND GARTENBLUMEN – REIN ODER GEMISCHT?

Zum Schluß noch einmal die alte Glaubensfrage: Sollte man sich beim Binden von Sträußen stets eindeutig zwischen Garten- und Wildblumen entscheiden? Meiner Ansicht nach ist eine solch scharfe Trennung nicht nötig und angesichts mancherlei Veränderungen in unseren Gärten auch gar nicht mehr möglich. Der Trend zu naturnahen Gärten und damit auch zur Einbeziehung von Wildpflanzen und von weniger hochgezüchteten, natürlicheren Zierpflanzensorten in die Gartengestaltung ist ungebrochen. Obendrein sind etliche Sommerstauden der Ruderalflächen und des Wildlandes ohnehin Gartenflüchtlinge, z.B. die beiden Goldrutenarten sowie manche Königs- und Nachtkerze.
Wichtiger als auf eine genaue Trennung von Wild- und Gartenpflanzen zu achten ist es, die Blüten eines Straußes hinsichtlich ihrer Größe, Form und Farbe aufeinander abzustimmen, so wie in dem Strauß auf S. 58. Er ist aus neun verschiedenen Arten zusammengestellt. Sieben davon stammen aus dem Garten, zwei vom Straßenrand: Kugeldistel, Pfingstrose, Prachtscharte, halb erblühte Artischocke, Fruchtstände von Schwarzem Germer, Schmucklilie und grün geerntetem Silberblatt einerseits, blühender Dost und fruchtender Wau andererseits.

Traditionelle Trockenpflanze: das Silberblatt

NICHTS IST FÜR DIE EWIGKEIT

Während draußen Kälte und Dunkelheit die Blütenpracht verdrängt haben, bleibt sie uns drinnen in Form unserer Trockenarrangements noch monatelang erhalten. Wer jedoch glaubt, unsere Sträuße und Gestecke seien unverwüstlich, der wird schon im Laufe eines Jahres eines Besseren belehrt. Der Alterungsprozeß der Trockenblumen ist unübersehbar. Staub gibt es überall; die Sonne tut ein übriges und bleicht die Farben aus. Dünne Spinnenfäden lassen sich nur schwer entfernen. Dem Staubpinsel fallen leicht Spitzen und Blättchen zum Opfer.
Natürlich können wir mit Fixier- oder Haarspray die Lebensdauer der Sträuße und Gestecke etwas verlängern. Aber eigentlich ist das gar nicht nötig! Jeder Sommer bringt einen neuen Blütenflor. Und im Grunde freuen wir uns doch immer wieder darauf, etwas Neues sammeln und gestalten zu können.

LITERATUR

Beuchert, M.: Sträuße aus meinem Garten. Ulmer, Stuttgart 1991.
Herr, E., P. Menzel: Trockenblumen. Sammeln, präparieren, gestalten. Ulmer, Stuttgart 1986.
MacCormick, A.: Die schönsten Trockenblumen. Sträuße, Arrangements, Design. BLV, München 1992.
Nilsdotter, G.: Trockenblumen arrangieren. Mosaik, München 1994.
Raworth, J., S. Berry: Trockenblumen-Arrangements für alle Jahreszeiten. BLV, München 1995.
Wegener, U.: Pflanzen konservieren. Ulmer, Stuttgart 1990.

BEZUGSQUELLEN

In Geschäften für Bastelbedarf, in Hobbymärkten und Blumengeschäften erhält man: Moosy (grün und braun), Knety, Bast, Strohblumenhaften und Bänder (auch in Handarbeitsgeschäften). Nur Blumengeschäfte führen Straußhalter, Pinholder und Biedermeier-Manschetten (evtl. auch Schreibwarengeschäfte).

Alle abgebildeten Trockensträuße und -gestecke (mit Ausnahme des Straußes auf S. 33) stammen von der Autorin und wurden speziell für dieses Buch angefertigt.

Ringelblumen bringen warme Farbtöne in unsere Trockensträuße und -gestecke.

REGISTER

IMPRESSUM

Umschlaggestaltung von Atelier Reichert, Stuttgart.
Umschlagvorderseite: Trockengesteck (Schatter), Früchte der Judaskirsche (Pforr).
Umschlagrückseite: Wandgesteck (Schatter), Prachtscharte (Pforr).
Umschlagklappen: außen Zapler; innen links R. Aichele (ol), Laux (oM), M. Pforr (or, ur), Zapler (ul, uM), innen rechts D. Aichele (ol), Kögel (oM), M. Pforr (uM, ur), Reinhard (ul), Sammer (or).

Mit 123 Farbfotos und 3 Farbillustrationen.

Die Bilder auf Seite 1 zeigen Mohnkapseln, einen Trockenstrauß und eine Zinnie (v.l.n.r.).

Die Deutsche Bibliothek – CIP-Einheitsaufnahme

Stichmann-Marny, Ursula:
Trockensträuße aus Natur und Garten / Ursula Stichmann-Marny. – Stuttgart : Franckh-Kosmos, 1996
ISBN 3-440-07051-4

ISBN 3-440-07051-4
Lektorat: Anne-Kathrin Janetzky, Angelika Holdau
Grundlayout: Atelier Reichert, Stuttgart
Gestaltung: Gisela Dürr, München
Satz: ad hoc! Typographie, Ostfildern
Printed in Italy/Imprimé en Italie
Druck und Buchbinder: Printer Trento S. r. l., Trento

BILDNACHWEIS

Farbfotos von D. Aichele (S. 2 o, 16 u, 22 l, r, 23 ur, 26 ol, 43), R. Aichele (S. 21 o), D. Herbel (S. 9 l), A. Kögel (S. 10 o, 13 u, 15 ol), H. E. Laux (S. 10 u, 11 ol, or, 12 ul, 14 o, 24, 25, 48 or, 53 u, 54, 60), E. Pforr (S. 7 M, 12 ur, 48 ol), M. Pforr (S. 1 l, 3, 4 ur, 8 o, 15 u, 16 ol, 17 or, 18 l, M, r, 19, 21 u, 36 o, 45 u, 51 or), H. Reinhard (S. 5 u, 6 o, u, 8 ur, 11 u, 12 o, 13 o, 15 or, 20 l, u, 27, 31, 39 o, 42, 48 u, 51 u, 59), R. Roppelt/Sahara Advertising (S. 34 o, u, 40 l, M, r, 41 ol, oM, 46 o, M, u, 47 u, 52 l, r, 53 ol, or), Bildarchiv Sammer (S. 7 u, 14 u, 28 o, 33, 37 Mr), P. Schönfelder (S. 4 ul, 7 o, 9 r, 26 or, 32), A. Schatter (S. 1 M, 5 o, 16 or, 23 ul, 28 u, 36 u, 37 ol, 38, 47 or, 49, 50, 55, 56, 57, 58), K. Stoll (S. 2 u, 17 l, 39 ul, 44, 45 o), N. Zapler (S. 1 r, 4 o, 8 ul, 29 o, u, 37 or, 41 u).

Farbillustrationen von M. Golte-Bechtle (S. 30).

Extra

SAMMEL- UND ERNTEKALENDER

Deutscher Name (*Botanischer Name*)	**Sammel-/Erntezeit** Mai	Juni	Juli	Aug.	Sept.	Okt.
Gartenpflanzen						
Ageratum, Gelbes (*Lonas annua*)				B	B	B
Akelei (*Aquilegia*-Hybriden)	B	B	F	F		
Artischocke (*Cynara scolymus*)					B	B
Blaustern (*Agapanthus praecox*)					F	F
Büschelrose (*Rosa multiflora*)					F	F
Dahlie (*Dahlia variabilis*)			B	B	B	B
Färberdistel (*Carthamus tinctorius*)				B	B	
Frauenmantel (*Alchemilla mollis*)		B	B	B		
Fuchsschwanz, Aufrechter (*Amaranthus paniculatus*)			B	B	B	B
Fuchsschwanz, Garten- (*A. caudatus*)			B	B	B	B
Germer (*Veratrum album, V. nigrum*)					F	F
Goldgarbe (*Achillea filipendula*)		B	B			
Grasnelke (*Armeria juniperifolia*)	B	B				
Hortensie, Garten- (*Hydrangea macrophylla*)			B	B		
Hortensie, Rispen- (*H. paniculata*)			B	B	B	
Iris (*Iris delavayi*)				F	F	
Judaskirsche (*Physalis alkekengi*)				F	F	F
Jungfer im Grünen (*Nigella damascena*)		B	B/F	B/F	F	
Jungfer im Grünen (*Nigella orientalis*)			F	F	F	
Kaiserkrone (*Fritillaria imperialis*)		F	F			
Katzenpfote (*Helichrysum cassinianum*)				B	B	
Kugeldistel (*Echinops banaticus, E. ritro*)			B	B	B	
Lauch (*Allium*), verschiedene Arten	B	B				
Lavendel (*Lavandula angustifolia*)			B	B		
Mannstreu (*Eryngium*), verschiedene Arten			B	B		
Mohn, Garten- (*Papaver somniferum*)			F	F	F	
Muschelblume (*Molucella laevis*)		B	B/F	B/F		
Papierknöpfchen (*Amobium alatum*)			B	B	B	
Pfingstrose (*Paeonia lactiflora*)		B	B			
Prachtscharte (*Liatris spicata*)			B	B	B	
Prachtspiere (*Astilbe*), verschiedene Hybriden			B	B	F	
Ringelblume (*Calendula officinalis*)			B	B	B	B
Rittersporn, Einjähriger (*Delphinium*), verschiedene Arten			B	B	B	
Rittersporn, Stauden- (*Delphinium*-Hybriden)		B	B	B	B/F	F
Rosen (*Rosa*), verschiedene Arten		B	B	B	B	
Schleierkraut (*Gypsophila paniculata*)		B	B	B		
Silberblatt (*Lunaria annua*)			F	F	F	F

Deutscher Name (*Botanischer Name*)	Sammel-/Erntezeit					
	Mai	Juni	Juli	Aug.	Sept.	Okt.
Sonnenblume (*Helianthus annuus*)			B	B/F	B/F	B/F
Sonnenflügel (*Helipterum humboldianum*)			B	B	B	
Sonnenflügel (*Helipterum manglesii*)			B	B		
Sonnenhut, Roter (*Rudbeckia purpurea*)				B	B	B
Statice (*Limonium gaelinii, L. tataricum*)			B	B	B	
Statice (*Limonium sinuatum, L. suworowii*)			B	B	B	B
Strohblume (*Helichrysum bracteatum, H. cassinianum*)				B	B	B
Studentenblume (*Tagetes erecta*-Hybriden)		B	B	B	B	B
Zinnie (*Zinnia*), verschiedene Arten			B	B	B	B
Zittergras, Großes (*Briza maxima*)			F	F	F	
Wildpflanzen						
Ampfer, Krauser (*Rumex crispus*)		F	F	F	F	
Bärenklau, Wiesen- (*Heracleum sphondylium*)			F	F	F	F
Beifuß (*Artemisia vulgaris*)			B	B		
Besenheide (*Calluna vulgaris*)			B	B	B	
Dost (*Origanum vulgare*)			B	B	B	
Fingerhut, Roter (*Digitalis purpurea*)				F	F	F
Flockenblume, Wiesen- (*Centaurea jacea*)		B	B	B/F	B/F	F
Goldrute (*Solidago canadensis, S. gigantea*)			B	B		
Hellerkraut, Acker- (*Thlaspi arvense*)	F	F	F	F	F	
Hopfen (*Humulus lupulus*)			B	B		
Johanniskraut (*Hypericum*), verschiedene Arten		B	B	B/F	F	
Karde, Wilde (*Dipsacus sylvestris*)			F	F	F	F
Königskerze (*Verbascum*), verschiedene Arten			F	F	F	F
Lichtnelke, Rote (*Silene dioica*)				F	F	F
Mädesüß (*Filipendula ulmaria*)				F	F	
Möhre, Wilde (*Daucus carota*)		B	B/F			
Mohn (*Papaver*), verschiedene Arten		F	F	F		
Nachtkerze (*Oenothera biennis*)				F	F	F
Rainfarn (*Tanacetum vulgare*)			B	B	B	
Schafgarbe (*Achillea millefolium*)		B	B	F	F	
Sumpfgarbe (*Achillea ptarmica*)			B	B		
Waldgamander (*Teucrium scorodonia*)			F	F	F	F
Wasserminze (*Mentha aquatica*)			B	B	B	B
Wau (*Reseda lutea, R. luteola*)			F	F	F	F
Weidenröschen, Wald- (*Epilobium angustifolium*)		B	B	B/F	F	F
Weiderich, Blut- (*Lythrum salicaria*)		B	B	B	B	
Weiderich, Gilb- (*Lysimachia vulgaris*)		B	B	F	F	
Zittergras (*Briza media*)			F	F		

B – Blüte F – Frucht